우즈베키스탄에 꽂히다

우즈베키스탄에 꽂히다

지은이 | 최희영
펴낸이 | 최희영
펴낸곳 | 도서출판 라운더바우트

등록번호 | 제2020-000001호

초판 인쇄 | 2023년 4월 27일
초판 발행 | 2023년 5월 4일

우편번호 | 14947
주소 | 경기도 시흥시 신천동 822-13 대양주택
전화 | (031) 316–1929
E-mail | yryr1998@hanmail.net

ISBN 979-11-965764-6-2 (03910)

값 · 22,000원

ⓒ 최희영, 2023, Printed in Korea

* 사전 동의 없는 무단 전재 및 복제를 금합니다.
  잘못된 책은 구입하신 곳에서 교환해드립니다.

우즈베키스탄에 꽂히다

최희영 지음

라운더바우트
roundabout

■ 차 례

제1장 : 우즈베키스탄 인문여행 4중주
실크로드, 붉은 사막과 푸른 돔, 그리고 고려인 · 10

제2장 : 실크로드를 따라서
프롤로그 · 24

히바-유네스코 세계문화유산의 도시
오아시스 힐링 타운 · 44

부하라-중앙아시아 이슬람 최대 성지
지붕 없는 고대 박물관에서의 하루 · 82

사마르칸트-실크로드의 심장
티무르제국의 수도였던 우즈베키스탄 제2의 도시 · 124

타슈켄트-마지막 일정
중앙아시아의 관문, 우즈베키스탄의 수도 투어 · 174

다시 찾은 실크로드
일과 여행 : 한여름 히바, 육로 키질쿰, 그리고 사마르칸트 사계 투어 · 210

제3장 : 우즈베키스탄 오지 여행

페르가나 밸리
천산산맥 너머 첫 동네 · 260

'배들의 무덤' 아랄해
홀로 여행, 서부 오지 무이낙 · 280

지작
우즈베키스탄 생태관광의 보고 · 304

샤흐리삽스
아미르 티무르제국의 본향 · 320

테르메즈
아프가니스탄과의 국경지대, 고대 불교 유적지 · 332

제4장 : 고려인 이야기

우즈베키스탄에서 만난 K-디아스포라- 이산의 한 · 354

제1장
우즈베키스탄 인문여행 4중주

실크로드, 붉은 사막과 푸른 돔, 그리고 고려인

2019년 1월 《우즈베키스탄에 꽂히다》를 초판 발간한 이후 가장 많이 받은 질문은 '대체 이 나라의 무엇에 꽂혔느냐?'였다. 국내 독자들은 물론 우즈베키스탄 현지 언론들의 관심사도 마찬가지였다. 심지어는 이런 일도 있었다.

그해 10월 수도 타슈켄트에서 열린 제1회 국제도서전에 참가했을 때 우즈베키스탄 국영방송 기자가 "혹시 우즈베키스탄 관광청의 도움으로 출간된 책이냐?"고 물어온 것이다. 자신들의 나라에 '꽂혔다'는 나의 과도한 애정 표현이 일견 고마우면서도 의아하다는 내심이 그 질문에 숨어 있었다. 자국 정부가 관광산업 육성 정책의 하나로 한국 작가를 꼬드겨 (?) 출간한 관급 검인정 여행서일지도 모른다는 선입견 때문이었다.

우즈베키스탄 공영 방송과 인터뷰 중

"꽃히다를 제대로 통역한 거예요?"

심드렁해진 기분에 통역가에게 눈총을 줬다.

"아이고, 작가님, 무슨 말씀을…. 제가 우즈베키스탄을 아주 많이 사랑한다는 뜻이라고 했어요."

통역가가 눈치를 보며 배시시 웃었다.

"그럼 우즈베키스탄에 대한 내 순수한 사랑을 곡해하지 말라고 해요."

통역가가 내 의사를 전달하자 기자가 미안한 표정을 지었다. 그러면서 기자는 다시 진지한 표정으로 돌아와 한국 작가로서 느낀 우즈베키스탄의 매력을 소개해 달라고 말했다.

"이 책은 한국 독자들을 위한 우즈베크 인문여행 안내서예요. 한국인들은 요즘 새로운 여행지를 찾고 있어요. 일본, 중국과 동남아 여행은 이미 제주도보다 자주 다녀왔고요. 유럽과 미주 여행도 한두 차례 다녀온 경우가 많아 새로운 여행지에 목말라 있는 중이거든요."

통역가가 이야기를 전하는 동안 나는 방송 카메라를 향해 책을 펼쳐 짚어주는 성의를 보였다.

"나는 그 대체지가 우즈베키스탄이라고 확신해요. 학창 시절 교과서로만 봤던 실크로드 천산북로와 붉은빛의 키질쿰 사막, 그리고 이슬람 문명권의 상징인 에메랄드빛 푸른 돔과 K-디아스포라의 한 많은 이야기가 켜켜이 쌓인 고려인의 역사가 공존하는 나라. 바로 그곳이 우즈베키스탄이라 강조한 책이 《우즈베키스탄에 꽂히다》입니다. 나는 실크로드와 붉은 사막, 그리고 푸른 돔과 고려인 역사를 압축해서 '우즈베키스탄 인문여행 4중주'라고 이름을 붙여 한국 독자들에게 자세히 설명했습니다. 아마도 이 책 때문에 올해 겨울철 비수기가 끝나면 내년부터는 한국 관광객들이 대거 우즈베키스탄을 찾을 테니 기대하셔도 좋습니다."

코로나 팬데믹으로 3년 멈춘 4중주

타슈켄트 국제도서전에서 돌아와 2020년 1월 우즈베키스탄을 다시 찾았다. 충남 부여군청 공무원들과 함께 나선 길이었다. 부여군은 우즈베키스탄 동부의 페르가나 지역과 농업 및 문화교류를 추진 중이었는데, 나는 그런 부여군을 도울 겸 여행길에 동행한 것이다. 당시 방문에는 소설가이자 시인인 김형수 신동엽문학관장도 동행했는데 실로 보람찬 여정이었다. 심리적인 면에 그쳤던 우즈베키스탄의 속살을 실체적으로 드러냄으로써 양극 간 교류의 구체적인 물꼬를 트는 데 내가 역할을 했다는 점이 증명되었으니 말이다.

하지만 페르가나에서 돌아온 뒤 곧바로 코로나19 팬데믹이 터졌다. 그때문에 그해 3월 박정현 부여군수의 공식 방문 일정이 무산됐다. 4월로 예정돼 있던 한국 작가들의 타슈켄트 '아리랑요양원' 방문 계획도 취소됐고, 5월과 6월의 아랄해 인문여행단의 현지 방문 계획 역시 사태 추이를 살피다 결국은 접어야만 했다.

그로부터 3년. 우즈베키스탄에 꽂히도록 만들었던 '인문 4중주'는 마스크 차림의 실내악으로 대체되었다. 제주-부산-진해-목포-광주-대전-춘천-안산-인천-서울로 이어진 초청 강연을 통해 때론 성인들을 대상으로, 때론 중고등학생들을 대상으로 △세계 문명사의 교차로가 됐던 우즈베키스탄의 역사와 낙타를 타고 천산북로를 오갔던 실크로드 카라반들의 이야기 △에메랄드빛 푸른 돔의 이슬람 유적지들과 △태고의 신비를 간직한 채 타는 노을과 기묘한 조화를 이루며 두수히 쏟아지는 별빛의 향연이 펼쳐지는 붉은 사막 키질쿰의 탈고 안 될 전설들 △160년 K-디아스프라의 수많은 사연이 응집된 고려인들의 이야기를 2017년 이래 촬영했던 사진들과 입담으로 풀어갔다.

당시 강연은 다분히 전략적으로 진행했다. 먼저 고려인 이야기로 강연을 시작하면 소란스럽던 실내가 정리되고 모든 이들이 나를 보기 시작한다. 그렇다면 우리나라 '경주'로부터 시발 돼 장안(혹은 시안)과 둔황을 거쳐 천산산맥(톈산산맥)을 넘고 타슈켄트와 사마르칸트, 부하라와 히바로 이어진 중앙아시아 천산북로 실크로드 이야기를 이어간다. 시간이 갈수록 청강자들의 눈빛은 더욱 빛난다. 이쯤에서 사마르칸트의 아프라시압 벽화에서 발견된 7세기 고구려 '사신도' 이야기와 고구려 유목민으로 당나라 때 활동했던 고선지 장군의 751년 탈라스 전투 이야기로 화제를 바꾸며 동서양 문명사의 교차로가 됐던, 또 교차로가 될 수밖에 없었던 이 지역의 역사로 들어가기 시작한다.

청강생들의 관심은 특히, 한반도 면적의 1.5배에 달하는 30만㎢ 규모의 장엄한 키질쿰 사막에 관한 이야기와 여성들의 히잡 쓰기가 자신의 선택인데다 돼지고기 요리가 허용되는 이슬람 문명권의 나라가 바로 우즈베키스탄이란 부분에 이르면 최고조에 이른다. 어쩌면 '코로나가 종식되면 바로 가볼 1순위 여행지'로 이 나라를 꼽기라도 하려는 듯 감탄하는 분위기가 연출되는 것이다. 아재 개그처럼 '밭매는 김○○, 목화 따는 전○○이 지천으로 흔한 나라' 정도가 우즈베키스탄에 대한 인식이었으니 이 정도라면 인식전환이라 말해도 될법한 상황이지 않았을까?

마침내 다시 막 올린 우즈베키스탄 현장 공연

지금 쓰는 글은 2023년 5월에 발간 예정인 《우즈베키스탄에 꽂히다》 개정판의 서문이다. 이 글을 쓰기 석 달 전인 2023년 1월, 하나투어가 '최

2019년판 《우즈베키스탄에 꽂히다》

희영 작가와 함께 떠나는 7박 9일 우즈베키스탄 인문여행'이란 상품을 출시했다. 출발일은 5월 7일. 따라서 2020년 1월 이후 만 3년 4개월 만에 다시 우즈베키스탄 인문여행을 재개하게 됐다.

한·우즈베크 경제교류 전문지 《우즈코 이코노미》 기자였던 2018년 한 해 동안 나는 우즈베키스탄을 여섯 차례 방문했다. 때론 대규모 전세기 여행단 동행 취재로, 때론 경제 사절단 동행 취재로, 그리고 때론 주우즈베키스탄 대한민국 대사관이 주최한 한국 문화주간 취재 일로. 그 과정을 모아 2019년 1월 《우즈베키스탄에 꽂히다》 초판을 출판했다.

2017년 11월 미르지요예프 우즈베키스탄 대통령이 한국을 방문했고, 2019년 4월 문재인 대통령이 우즈베키스탄을 답방할 예정이었다. 따라서 이 나라에 대한 우리 국민의 관심이 급상승하는 중이었다. 그럼에도 우즈베키스탄에 대한 안내서가 전무하다는 안타까움 때문에 서둘러 출간한 책이었다. (사족을 달자면 책을 내주겠다는 출판사를 찾고 찾다가 결국은 지쳐 내가 직접 출판사를 등록하고 펴낸 이른바 '셀프 출판'이었다.)

2019년 3월 이후 나는 내 책을 들고 거의 매달 '룰루랄라' 우즈베키스탄

2019 아시아영화교육사업 청년고려인 영화아카데미 in우즈베키스탄

여행을 다녀왔다. 거기에는 한국영화진흥위원회가 7월 중순부터 3주 동안 주관했던 '찾아가는 고려인 청년 영화 아카데미' 현장 디렉터 역할도 포함됐고, MBC가 한글날 특집으로 우즈베키스탄 고려인들을 찾았던 현지 촬영의 코디 역할도 포함됐다. 또 우즈베키스탄 역사상 처음 개최됐던 제1회 타슈켄트국제도서전의 한국관 총괄 디렉터로 선임돼 국내 몇몇 출판사들과 함께 현지 방문 일정을 소화하기도 했다.

놀랍게도 《우즈베키스탄에 꽂히다》 초판 1,000부가 2개월 만에 매진됐다. 당시 나는 인생 최고의 황홀경 속에서 종종 나의 탁월한 안목을 한껏 칭찬해주곤 했다. 타슈켄트를 갈 때마다 비행기 안에서 내 책을 읽고 있는 모습들을 시시때때로 목격했고, 심지어는 책의 표지에 내 사진을 큼지막하게 깔아 둔 까닭에 종종 나를 알아본 사람들의 기내 사인 요청과 기념 촬영을 요청받은 적도 있다. 한마디로 우쭐했던 시기였다.

초판 매진에 자신감을 얻은 나는 무리하지 말고 1,000부쯤만 더 찍으라는 주변의 만류를 무시한 채 2쇄 2,000부를 저질렀다. 우즈베키스탄 인문여행 4중주의 서곡은 이제 막 시작일 뿐이라는 자부심이 넘쳐났다. 그런데 탈이 나고 말았다. 고작 800부쯤을 소화했을 무렵, 아뿔싸! 코로나가 터졌다. 그나마 다행인 것은 '실내악 4중주'라고 표현했던 대로 우즈베키스탄을 주제로 한 강의 요청이 이어져 3년가량 쉬지 않을 수 있었다. 믹돈으로 찍어 푼돈으로 돌아온 결과라 해도 손해는 안 본 셈이었다. 하지만, '안목 어쩌고' 하며 우쭐댔던 자존심의 생채기가 아물려면 시간이 좀 더 필요할 것 같았다. 코로나가 잦아든 영향 때문일까? 아니면 하나투어의 인문여행 상품 출시 때문일까? 2023년 1월 이후의 갑작스러운 주문으로 200여 권 남았던 책이 완전히 소진됐다. 개정판을 서두르게 된 이유다.

개정판의 서문을 다시 쓸 수 있게 돼서 더없이 기쁘다. 아래는 2019년 1월 초판 서문에 썼던 글인데, 그 일부나마 약속을 지킬 수 있게 된 것 같아 그 또한 다행이다.

"한 번 보면 아는 사람이 되고, 두 번 만나면 친구가 되고, 세 번 만나면 가족이 된다는 우즈베키스탄 속담이 생각났다. 독자들과 만나는 첫 책이다. '개정판'이라는 이름으로 세 차례쯤 나올 때는 독자들과 더욱 가족 같은 만남이 되리라 확신한다." (2018. 12. 최희영)

한국에서 7시간 거리, 양국 시차는 4시간

우즈베키스탄에 대한 고정 관념 중의 하나가 한참 북쪽에 있는 나라라는 점이다. 그래서 우즈베키스탄의 겨울은 무척 춥고 여름은 시원할 것이라고 해석하는 경우가 많다. 모두 잘못된 인식이다. 우즈베키스탄은 우리보다 살짝 북서쪽에 있다고 보면 된다. 위도상으로 보자면 대략 38도에서 45도 사이에 걸쳐 있다. 수도 타슈켄트가 북위 41도로 백두산 위도와 같은 지점이다. 북한과 비슷한 위치인 것이다.

날씨는 전형적인 대륙성 기후다. 따라서 여름은 길고 덥다. 7월 평균 기온이 북부는 26℃쯤 되고, 남부는 30℃다. 반면 겨울은 짧고 대체로 온화하다는 게 정설이다. 1월 평균 기온이 북부 영하 8℃, 남동부는 3℃ 쯤 된다. 하지만 2022년 겨울은 갑작스러운 이상 한파로 영하 20도 이하로 내려간 날도 많아 동절기 날씨 정보는 2~3년가량 더 지켜본 뒤 수정 여부를 결정해야 할 것 같다.

인천국제공항과 타슈켄트국제공항 사이에는 매일 한 차례 이상의 정규 노선이 운항된다. 대한항공과 아시아나항공, 우즈베키스탄항공이 모두 취항하고 있다. 비행시간은 타슈켄트까지 일곱 시간가량이다. 양국 간에는 네 시간의 시차가 있다. 예컨대 한국이 밤 12시라면 현지는 저녁 8시로 우리 시간이 네 시간 앞서간다.

우즈베키스탄은 중앙아시아 중심에 위치해 있다. 그래서 주변국이 많다. 우선 북쪽 국경 너머로 펼쳐진 나라가 카자흐스탄이다. 그리고 서남쪽과 국경을 맞댄 나라가 투르크메니스탄이다. 이 밖에도 동북쪽, 동남쪽으로는 키르기스스탄 및 타지키스탄과도 국경을 마주하고 있다. 또 극히 일부지만 우즈베키스탄의 최남단 도시 테르메즈는 아프가니스탄과도 붙어 있다. '스탄'은 땅이란 뜻이다. 즉 우즈베키스탄은 우즈베크 민족의 땅이고, 카자흐스탄은 카자흐 민족의 땅이다.

이 나라의 국토 면적은 44만 4,474㎢로 한반도 면적(22만 3,348㎢)보다 두 배쯤 크다. 하지만 인구는 우리보다 적다. 2023년 기준 3,516만 명(세계 43위 규모)으로 대부분 이슬람교(수니파)를 믿고 있다. 민족성은 우리와 비슷하다. 사람들이 참 순수하다. 웃음도 많고 친절하다. 특히 손님맞이에 많은 정성을 기울이고, 어른을 공경하는 습관이 몸에 배어있다. 한마디

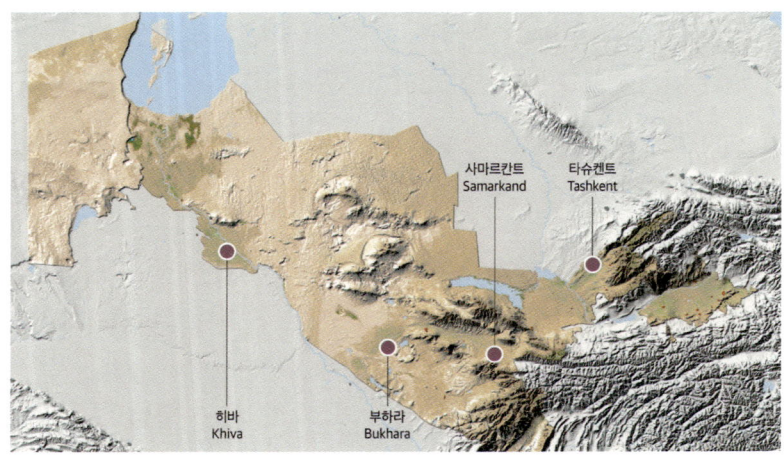

우즈베키스탄 오아시스 실크로드 도시

로 우리네 1960년대나 1970년대와 비슷한 정서다.

우즈베키스탄은 천산산맥 너머 첫 동네다. 서구와 교역을 시작한 중국 대상들이 반드시 거쳐야 하는 땅이다. 타슈켄트와 사마르칸트에서 며칠 밤을 보낸 뒤, 일부는 부하라와 히바를 거쳐 서남쪽으로 향하고, 일부는 테르메즈를 거쳐 페르시아로 가곤 했다. 따라서 고대부터 오아시스를 중심으로 여러 도시가 생겨났고, 많은 유적지가 들어섰다.

큰 도시들은 대부분 2,700년의 역사를 자랑한다. BC 6세기 페르시아 제국의 일부가 되면서 일찍부터 고대 도시가 발전했다. 이후 BC 4세기에는 알렉산드리아제국의 일부로, 그리고 AD 6세기에는 돌궐(투르크)제국의 일부가 됐을 만큼 역사적인 부침도 대단했다.

8세기 들어서는 동방 원정에 나선 이슬람 세력에 의해 712년 부하라와 사마르칸트가 점령됐다. 그러면서 이 지역의 이슬람화가 시작됐다. 751년 당나라와 이슬람 간의 '탈라스 전투'가 발발했다. 이 격전에서 당나라를 대파하며 우즈베키스탄을 비롯한 중앙아시아의 모든 나라들이 이슬람 국가로 고착됐다.

1219년 몽골제국의 일부로 편입됐던 시기를 지나 1370년부터 1507년까지는 티무르제국을 건설해 멀리 중동 지역까지 영토를 넓히기도 했다. 그러나 또다시 역사적 부침을 거쳐 1875년에는 제정 러시아의 일부로, 1917년부터는 소비에트 연방의 일부로 편입됐다. 그러다가 1991년 구소련의 붕괴와 함께 독립 국가 시대를 열게 됐다.

제2장
실크로드를 따라서

유네스코 세계문화유산의 도시-히바
중앙아시아 이슬람 최대 성지-부하라
실크로드의 중심-사마르칸트
중앙아시아의 관문이자 우즈베키스탄의 수도-타슈켄트
그리고 다시 찾은 실크로드…

프롤로그

출국 준비를 하며 '지즉위진간知則爲眞看'을 생각했다. 정조 때의 문장가 유한준이 강조했던 말이고, 아는 만큼 보인다는 뜻이다. 유홍준의 《나의 문화유산 답사기》 첫 권에 실려 널리 회자했던 이 말이 준비하는 한 달 내내 나를 압박하고 있었다.

중앙아시아 여행은 처음이었다. 사실 2017년 봄 우연한 기회에 우즈베키스탄 전문기자란 타이틀을 꿰찼다. 그러나 모르는 게 너무 많았다. 6개월쯤 지나니 겨우 한국과 우즈베키스탄의 정치와 경제 교류사쯤은 어느 정도 알만했다. 또 제정 러시아 시대와 소비에트 연방 시대의 중앙아시아를 꿰는 데 어느 정도 자신감도 붙었다. 하지만 이번 경우는 달랐다. 히바와 부하라와 사마르칸트를 거쳐 타슈켄트로 들어간다는, 이른

바 '실크로드 천산북로'를 관통하는 여정이라 공부해야 할 게 많았다.

먼저 실크로드 역사부터 다시 살펴야 했다. 아니, 그보다도 타임머신을 타고 고대로 들어가 그 시기의 지도를 훑어 지리상의 개념 정돈부터 해놓아야 실크로드의 문명사적 의의가 명징해질 것 같았다. 인문여행의 사전 공부는 지리 학습이 기본이니 말이다. 인터넷을 뒤져 가며 이 지역의 고대지도부터 열공을 시작했다. 그러면서 다음 몇 가지 중요한 사항들을 차근차근 머리에 입력했다.

편의상 곁가지들을 떼자면, 고대 지도는 시대순으로 페르시아제국과 마케도니아제국, 로마제국 등으로 이어진 지중해 연안 중심의 권역과 중국 둘밖에 없었다. 그 둘의 시계는 아주 오랫동안 따로 돌았다. 말하자면 화성과 목성처럼 각기 다른 행성으로 존재했다. 행성들 사이에는 은하계가 있다. 그 은하수를 건너야 다른 별에 이를 수 있다. 그러니 이쪽 행성에서 볼 때 저쪽 행성은 영원히 갈 수 없는 상상의 세계일 뿐이었다.

그 둘을 갈라놓은 은하수는 타클라마칸 사막(약 37만㎢)과 천산산맥(주봉 포베다산 7,439m)과 파미르고원(최고봉 쿵구르봉 7,719m)과 힌두쿠시산맥(최고봉 티리치미르산 7,700m)이었다. 그리고 인도 쪽 남방으로는 티베트고원과 장장 2,400km에 이르는 히말라야산맥(최고봉 에베레스트산 8,848m)이 또 다른 은하수로 기능했다. 게다가 북방 변경 지역으로는 시시때때로 대륙을 괴롭히는 흉노 유목 기마군단이 진을 치고 있어 산을 뚫어 보자는 의욕조차 꺾였다.

상황이 이러니 고대 중국에서 볼 때 그 반대편 세상은 상상의 땅일 수

겨울 천산산맥을 넘는 중

밖에 없었다. 그래서 그 반대편 세상을 통칭 '서역'으로 칭하며 가볼 수 없는 땅으로 규정했다. 서역에서 볼 때도 한반도 크기의 1.7배가량에 해당하는 사막과 7,000m 이상의 고봉들로 둘러싸인 중국은 전혀 다른 세상일 수밖에 없었다. 현대적인 개념의 서역은 유럽이나 아메리카 대륙이다. 하지만 한나라 시절이던 BC 60년까지만 해도 중국은 천산산맥 넘어 지금의 중앙아시아 지역을 서역으로 분류했다. 한나라가 숙적 흉노의 완전 제압을 위해 서역도호부를 설치했던 BC 60년까지 천산북로 양쪽의 동과 서는 이렇듯 은하수를 사이에 둔 각기 다른 행성처럼 기능했다.

마침내 동서 문명이 극적으로 만나는 통로가 열렸는데, 바로 먼 훗날 '실크로드'라는 이름으로 명명된 문명사적 변곡점의 길이었다.

천산북로 실크로드

이번에 여행할 천산북로 실크로드의 시원은 지금으로부터 2200년 전인 한나라 때로 거슬러 올라간다. 주인공은 한漢 왕조의 전성기를 구가했던 7대 황제 '무제武帝'다. 16세에 즉위한 그는 야망이 컸다. 주변국들을 흡수해 한나라의 강역疆域을 최대치로 끌어올리고자 했다. 특히 '대월지'며 '오손' 등 군사력이 강한 유목 민족들과 연합해 북방 변경지대의 골칫거리인 흉노를 제압하고자 했다. 그래야만 서역으로 통하는 교통로를 확보할 수 있는 것이었다.

무제는 대월지와의 동맹 타진을 위해 BC 139년 장수 '장건'을 대월지국으로 보냈다. 그러나 장건은 대월지로 가던 길에 흉노에 붙잡혀 10년 동안 포로 신세가 되었다. 우여곡절 끝에 탈출에 성공한 장건은 파미르고원 너머 페르가나국과 당초 목적지였던 대월지국(1년 체류)과 티베트(1년 다시 포로) 등을 거쳐 BC 126년 한나라로 귀환할 수 있었다.

장건의 임무는 완전 실패였다. 하지만 무제로서는 그의 국경 밖 12년 경험이 소중했다. 장건으로부터 서역에 대한 수많은 정보를 듣게 됐기 때문이다. 중국과 교역을 원하는 서역 상인들의 정체를 알게 됐고, 특히 한나라 특산품인 칠기와 비단에 관심이 높다는 사실도 알게 됐다. 또 강력한 군대를 원했던 한무제로서는 쉬지 않고 천 리(약 400km)를 달리는 명마(한혈마)가 서역에 있다는 정보에도 귀가 솔깃할 수밖에 없었다.

장건으로부터 여러 정보를 얻게 된 무제는 이를 참고해서 BC 101년 페르가나국을 정복했고, 그 후대에 이르러서는 BC 60년 흉노마저 제압했다. 그럼으로써 마침내 꿈의 교역로를 확보했다. 지중해로부터 대륙 너머까지는 BC 6세기 고대 페르시아제국과 BC 4세기 알렉산더 대왕의 동방원정 등을 거치며 소통의 혈맥이 뚫려 있었다. 그랬기에 한제국은 장건 생환 이후 60년 가까이, 흉노만 제압하면 오랫동안 상상의 세계로만 여겨왔던 반대편 쪽과의 교류가 가능하겠다는 의지를 불태워 왔다. 그리고 결국 그 꿈을 이뤄냈다.

6,400km가량인 이 길을 실크로드라고 명명한 사람은 독일 지리학자 '리히트호펜(1833~1905)'이다. 중국의 중원을 출발한 이 길은 하서주랑을

가로지르고, 타클라마칸 사막의 남북 사이드를 따라 파미르고원과 중앙아시아 초원, 이란고원 등을 지나 지금의 튀르키예(터키)와 그리스, 이탈리아, 프랑스, 스페인 등과 맞닿은 지중해 동안과 북안까지 이어진다.

마케도니아제국의 신화를 썼던 알렉산더 대왕의 동방원정(BC 334~BC 323)과 한무제의 천산북로 개척 의지(BC 141~BC 87)가 길의 시발점이라면, 길을 넓힌 주인공은 6세기 중반 혜성처럼 등장해 유목 제국을 건설했던 돌궐突厥(푸른 투르크 또는 성스러운 투르크라는 뜻의 투르크족)이다.

돌궐의 특징은 두 가지다. 하나는 유목 민족이 세운 최초의 제국이란 점이고, 다른 하나는 유라시아 전반을 아울렀던 대제국이란 점이다. 가장 왕성했던 시기(553~572년)에 1,000만㎢ 이상의 영토를 자랑했던 이들의 동서 간 강역은 중국의 랴오둥반도부터 유럽과 맞닿은 흑해까지 이어졌다. 남북 간 영토는 고비 사막을 지난 북중국부터 시베리아 한복판의 바이칼호에 달했다.

돌궐족의 이 같은 세력 확장은 초원 문화와 오아시스 문화가 결합하는 결과를 낳았다. 이들은 기마민족 특유의 저돌성으로 막혔던 길을 뚫어 아시아 내륙 곳곳의 교역망을 구축했다. 이들의 정치적 유산은 직접적 통치 대상이었던 중앙아시아 지역은 물론 중국과 북인도, 페르시아 등 인근 지역에까지 많은 영향을 미쳤다. 그리고 그 영향권은 멀리 지중해를 건너 동로마까지 확대됐다. 이로써 기원전 알렉산더 대왕과 한무제로부터 움텄던 동서 교류가 마침내 한 단계 진화돼 중국부터 비잔티움까지 이어지는 실크로드 시대의 본격적인 서막을 열게 된 것이다.

이슬람 문명권으로

　7세기 초 아랍을 기반으로 창시된 이슬람교는 실크로드의 역사를 다시 썼다. 622년 세계사에 처음 등장한 이슬람교는 사라센제국을 건설하고자 했다. 그 과정에서 중앙아시아 지역이 또다시 요동쳤다. 동부로 향한 이슬람의 군대는 서아시아 지역(이란)의 맹주로 군림했던 사산조 페르시아(224~651)를 무너뜨렸고, 여세를 몰아 이란의 동북부와 아프가니스탄 서부, 그리고 투르크메니스탄에 해당하는 호라산 지역까지 점령해버렸다. 그리고 8세기 초 마침내 부하라와 사마르칸트를 제압하며 실크로드 교역로의 대부분을 장악하게 된 것이다.

　이로써 중앙아시아의 이슬람 시대가 시작됐다. 특히 부하라와 사마르칸트 일대의 세력가였던 사만 가문이 사산조 페르시아의 몰락과 함께 이슬람제국에 충성을 맹세하며 그 휘하로 들어가 훗날 사만왕조(819~999)로서의 입지를 보장받음으로써 8세기부터 10세기 사이 이 지역의 이슬람화는 더욱 가속화됐다.

　751년 이슬람 세력은 당나라와의 탈라스 전투에서 승리함으로써 오랜 동진 성전의 마침표를 찍고 중앙아시아 전역을 이슬람 문명권으로 재편했다. 그에 따라 실크로드의 기능도 더욱 활기를 띠게 됐다. 아랍 문명의 본격적인 유입과 사라센제국의 다양한 문물들이 실크로드를 따라 중국까지 이어졌고, 비단을 비롯한 중국의 다양한 특산품들이 타슈켄트와 사마르칸트, 부하라와 히바 등을 거쳐 멀리 로마까지 전해졌다.

바로 그 문명사적 전환기의 중앙아시아 오아시스 구간을 돌아보는 게 이번 여정의 중심 코스였다. 즉, 이번 여행을 통해 눈으로 직접 보게 될 히바와 부하라, 사마르칸트, 타슈켄트는 BC 60년 이래 2,000년 이상 실크로드 거상들의 숙박 타운이자 교역 장터로 기능했던 천산 너머 첫 동서 문명의 교차로라는 점에서 지즉위진간知則爲眞看의 당위성이 더욱 클 수밖에 없었다.

한 달가량의 학습을 통해 나는 실크로드에 대한 이해도를 높였다. 학창시절 각인돼 있던 실크로드는 '비단 장사 왕서방' 같은 거상들의 단순한 장삿길 루트였다. 하지만 실크로드를 '동서문명의 교차로'로 풀어 쓴 여러 글을 읽으며 고대부터 존재했던 비단길 거상들의 존재 가치가 한순간 확장될 수 있었다. 말하자면 그들은 유럽과 아시아를 잇던 작금의 랜선이자 유라시아 대륙철도였다. 혹은 현대 중국이 야심만만하게 펼치고 있는 일대일로一帶一路의 오래된 내비게이션이었다.

어디 거상들만 그 길을 택했을까? 신라에 불교를 전파했던 5세기 무렵의 묵호자墨胡子(얼굴 검은 서역인)나 《왕오천축국전》을 썼던 8세기 시절의 혜초 스님과 동방 견문에 나섰던 13세기 때의 마르코 폴로 역시 같은 길을 걸었을 것이다. 칭기즈칸은 성을 쌓는 자는 망하고 길을 내는 자는 흥한다고 했다. 그가 말한 길은 제국 신화의 칼바람 길이었다. 공부하다 보니 왕서방과 묵호자와 혜초가 걸었던 길을 따라 때론 말발굽 소리가 진동하기도 했다.

교역로서의 가치가 커지면서 실크로드 오아시스 구간은 종종 세계 전쟁사의 중심지로 부상했다. 앞서 살폈던 페르시아제국(BC 6세기)과 알렉산드리아제국(BC 4세기), 돌궐제국(AD 6세기), 이슬람제국(AD 8세기) 등에 이어 13세기 초에는 칭기즈칸의 몽골제국이 이 지역을 장악했다. 또 14세기와 15세기 사마르칸트를 중심으로 중동 지역까지 강역을 넓혔던 티무르제국 시대를 지나 19세기 제정 러시아가 이 지역의 패권을 차지한 흑역사까지, 이 지역을 중심으로 펼쳐졌던 대부분의 전쟁사는 '길을 내는 자들'의 최우선 공략 대상으로 지목된 오아시스 구간의 확보 문제가 늘 핵심적인 전략 주제였다.

마침내 출국

2018년 1월 29일 아침 8시. 인천국제공항 제1청사 3층 출국장에 들어섰다. 곧이어 150여 명의 동반 여행자들이 속속 모여들었다. 옷차림은 두터운 중무장이었으나 표정은 모두 밝았다. 설렘 가득한 눈빛들만 보자면 마치 수학여행을 떠나는 학생들 같았다. 들뜬 건 공항까지 마중 나온 주한 우즈베키스탄 대사관 직원도 마찬가지였다. 한국말이 능숙한 사르도르 씨가 상기된 표정으로 다가왔다.

"최 기자님, 잘 부탁합니다. 사진 멋지게 찍어주시고 좋은 기사 많이 써주세요."

나는 그와 손바닥을 마주치며 짧게 한마디 했다.

"해봅시다."

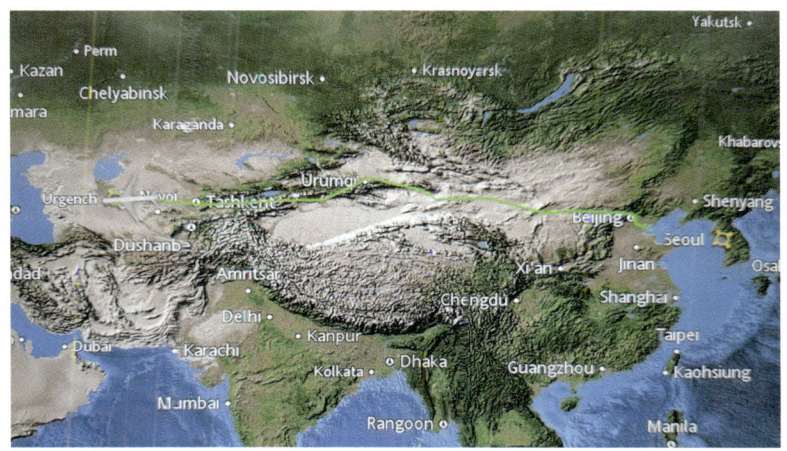

인천공항에서 타슈켄트 공항까지 노선

나도 설레었지만, 솔직히 설렘보다는 긴장감이 더 했다. 현지 방문은 이번이 처음이었기 때문이다. 편집주간의 배려로 얼떨결에 주한우즈베키스탄 대사관이 기획한 이번 전세기 여행단에 합류하기는 했지만, 어색하고 긴장되는 느낌은 어쩔 수 없었다.

사실 이번 여정은 조금 독특했다. 대부분의 우즈베키스탄 여행은 수도 타슈켄트로부터 시작돼 사마르칸트와 부하라 등으로 이어진다. 말하자면 동에서 출발해 서쪽으로 이동하는 방향이다. 그중 서쪽 끝의 오아시스 타운이 '히바'다. 그런데 히바의 경우 타슈켄트에서 1,000km 이상 떨어진 오지라 여행지에서 생략되는 경우가 많았다. 그래서 그런 건지, 타슈켄트부터 시작하면 여행에 지친 사람들이 히바를 포기할까봐 특별히 배려한 건지, 어쨌든 이번 여행 코스는 히바 인근의 우르겐치 국제공

제2장 실크로드를 따라서 | 프롤로그　33

항까지 전세기 직항으로 날아가 히바–부하라–사마르칸트–타슈켄트로 이어지는 조금 색다른 여정이다. 그런 점에서 이번 여행의 묘미는 출발부터 남달랐다.

수속은 순조롭게 진행됐다. 그러곤 오전 11시 탑승, 11시 40분 이륙으로 이어졌다. 지난 한 달 동안의 여행 준비 과정이 파노라마처럼 떠오르는 가운데 비행기는 어느덧 서해를 건너 중국 상공을 지나고 있었다. 언제나 그렇지만 하늘에서 바라보는 지상 풍경은 경이롭다. 우즈베키스탄으로 가는 하늘길은 더더욱 그랬다. 타클라마칸 사막을 지나면서는 아예 창 쪽으로 바짝 붙어 아래에 펼쳐진 광활한 풍경을 넋 놓고 바라봤다.

중국 대학원에서 민족학을 공부하며 꼭 들르고 싶었던 곳. 그러나 끝내 가보지 못했기 때문에 타클라마칸의 등장은 너무나 반가웠다. 붉은 모래사막으로 잘 알려진 타클라마칸은 위구르어로 '들어가면 다시 나올 수 없다'라는 뜻이다. 험하니 함부로 들어가지 말라는 경고일 터. 그래서 일명 죽음의 사막으로도 불린다. 타클라마칸 사막은 천산산맥을 넘기 직전 간쑤성과 신장위구르 자치구에 걸쳐 있다. 사하라 사막 다음으로 세계에서 두 번째로 큰 모래사막이다. 한하운 시인은 가도 가도 황톳길이라고 노래했지만, 이곳은 가도 가도 끝없는 모래밭이다.

이왕 말이 나온 김에 조금만 더 얘기를 보태보자. 타클라마칸 사막은 고대부터 실크로드로 통하는 관문이었다. 남쪽으로 통과하는 길을 서역남로, 북쪽으로 통과하는 길을 서역북로라고 했다. 대상들은 중국 남부에서 생산된 비단을 낙타에 싣고 타클라마칸 사막, 천산산맥, 파미르고원, 힌두쿠시산맥을 넘어 중앙아시아로 넘어갔다.

　당나라 시대에는 타클라마칸 요지마다 고성들이 있었다고 한다. 지금은 모래에 파묻혀 흔적도 없이 사라졌다. 고려 말 길재는 '산천은 의구한데 인걸은 간데없다'라며 인생무상을 읊었지만 여기는 산천까지 무너졌으니 끝 모를 무상함이 밀려올 뿐이다.

　세월의 무상함으로 울적해질 즈음 이번엔 저 멀리로 험준한 산맥이 나타났다. 그 유명한 천산산맥이다. 백설기 떡가루처럼 만년설을 뒤집어쓴 준봉들이 끝없이 펼쳐졌다. 장엄했다. 하늘과 맞닿기라도 하려는 듯 불끈불끈 솟아오른 영봉들은 하얀 구름을 휘감아 돌고 파미르고원까지 힘차게 내달렸다. 그 모습이 눈부셨으나 눈을 뗄 수가 없었다.

　천산산맥의 높은 봉우리들과 깊은 협곡, 그리고 하얀 눈과 새파란 하늘의 조합은 완전히 초현실적일 만큼 믿기 어려운 풍광을 만들어냈다. 천상의 세계가 있다면 바로 이런 모습이지 않을까 싶었다. '자연의 오묘함이라니!' 한마디로 장관이었다. 그래서 아쉬웠다. 아무리 카메라 렌즈를 만지작거려도 자연이 빚은 저 원초적이고 생동감 있는 풍경을 그대로 담아낼 자신이 없었다.

　겨울 산이라면 나도 빠지지 않는다. 북한산, 지리산, 소백산, 백두산, 금강산 그리고 캐나다 록키까지. 한겨울 그 산들에 올랐을 때 그때마다 산 정상에서 짧게라도 한마디씩은 했던 것 같다. "와, 대박"이라든가 "와, 죽인다"라든가. 그런데 나는 할 말을 잃었다. 그렇다. 살다 보면 너무 엄청난 상황 앞에서는 종종 할 말을 잊을 때가 있다. 그저 탄복할 뿐.

히바 인근의 우르겐치까지 전세기 직항

꼬박 8시간이 걸렸다. 수도 타슈켄트까지는 7시간이지만, 우즈베키스탄의 서부 도시 우르겐치까지는 한 시간 더 걸린다. 여행단 150여 명을 태운 HY-8511 전세기가 마침내 호레즘의 주도 우르겐치 국제공항에 도착했다. 호레즘의 관문인 우르겐치는 모든 교통시설이 집중되어 있다. 따라서 히바로 가려면 반드시 우르겐치를 거쳐야 한다.

우르겐치 날씨는 예상보다 훨씬 추웠다. 아침 최저 영하 16도, 낮 최고 영하 6도. 비행기 트랩을 내리는데 바람이 거셌다. 아무리 한겨울이라고 해도 사막 도시이니 한낮엔 뜨거운 기운이 있을 줄 알았는데 첫 예상부터 사정없이 빗나갔다.

우리 일행이 공항을 출발한 건 우즈베크 현지 시각으로 오후 4시(한국시각 밤 8시)쯤. 관광단은 경찰의 선도를 받으며 우르겐치 시내 대형 연회장으로 자리를 옮겼다. 버스를 타고 연회장으로 이동하는 10여 분, 길 주변이 온통 흙먼지였다. 우르겐치가 사막에 세워진 흙의 도시라는 것을 새삼 깨닫게 된 순간이었다. 우르겐치 시장이 주관하는 만찬장으로 들어서는 입구에서 일행은 양옆으로 길게 늘어선 주민들의 환영을 받았다.

"우르겐치는 우즈베키스탄 호레즘주의 주도입니다. 여기서도 한국 드라마를 많이 보고 있습니다. 우리나라 사람들은 주몽과 대장금을 좋아합니다. 한국과 우즈베키스탄은 닮은 점이 많습니다. 역사적으로도 그렇고, 문화적으로도 그렇고, 무엇보다도 정서적으로 많이 닮았습니다.

우르겐치에 오신 걸 환영합니다

그래서 한국 사람들을 더욱 좋아합니다. 이렇게 먼 곳까지 찾아오신 한국 분들을 진심으로 환영합니다."

사파예프 오딜베크 우르겐치 시장의 인사말에 이어 관광단 책임자인 김창건 명예영사의 답사가 있었고, 곧이어 우즈베키스탄 전통 공연이 펼쳐졌다. 관광단은 우즈베크 보드카와 함께 저녁 식사를 하면서 호레즘주 전통 음악과 무용을 관람했다. 1시간에 걸쳐 다양한 주제로 우즈베키스탄 전통 공연이 이어지는 동안 관광객들은 손뼉을 치고 어깨를 들썩이며 장단을 맞췄다.

우리 일행은 으즈베크 사람들이 가장 좋아하는 전통 현악기 두타르가 연주될 때는 숨소리를 죽였으며, 후덕한 여성 무용수와 콧수염이 인상적인 남자 무용수의 익살스런 춤사위가 이어질 때는 박장대소로 응답했다. 감동의 정점은 부채춤이었다. 한국 관광단을 위해 특별히 준비한 고려인 예술단이 한국 부채춤을 선보이자 연회장 분위기가 후끈 달아올랐다. 고려인 예술단 공연이 끝나자 관광단은 모두 일어나 우레와 같은 박수갈채를 보냈다. 연로한 몇 분은 끝내 울먹이기도 했다.

"부채춤이라니요. 이역만리 먼 땅에서 우리나라 부채춤이라니요. 고마워요, 고려인 여러분, 정말 고맙고 반가워요."

만찬의 마지막 순서는 패션쇼(?)였다. 오딜베크 시장은 이번 여행에 참석한 모든 이들에게 우즈베키스탄 전통 옷을 깜짝 선물로 내놓았고 몇몇 여행객들에게는 직접 입혀주는 성의까지 보여 'Welcome to Uzbekistan'의 강렬한 이미지를 남겼다.

"우즈베키스탄에 도착하자마자 극진한 환영식에 이어 이런 선물까지 받으니 너무너무 기분 좋아요. 오기를 참 잘했다는 생각입니다."

남편 환갑 기념으로 여행길에 나섰다는 부부는 우르겐치 시장이 선물한 옷을 입고 "이렇게 우즈베크 전통 옷을 입고 있으니 우리가 마치 옛날 페르시아 왕과 왕비가 된 것 같다"며 서로 인증샷을 찍어주기에 바빴다.

◁ (위) 어서오세요, 여기는 우르겐치입니다.
  (아래) 고려인 예술단의 부채춤 공연

우르겐치 여성 예술단의 호레즘 전통 춤 공연

히바 고대 도시에서의 첫날 밤

날이 벌써 어둑해졌다. 버스가 호레즘 주의 중심지 우르겐치를 벗어나 30분쯤 달려 히바로 접어들었다. 히바는 우즈베키스탄 여행자라면 반드시 들러야 할 도시다. '히바를 방문하지 않았다면 우즈베키스탄을 가봤다고 말하지 말라'는 말이 있을 정도로 히바는 우즈베키스탄을 대표하는 관광 유적지다.

히바는 서부 고대 도시다. 우리에게는 다소 생소한 이름이지만 실크로드를 연구하거나 오지 여행을 좋아하는 사람들은 순례하듯 다녀가는 곳이다. 그런데 사실 히바는 여행 조건이 좋지 않다. 투자해야 할 시간과 경비가 만만치 않다. 거리도 너무 멀다. 타슈켄트에서 우르겐치까지 기차로 20여 시간이나 걸린다. 우즈베크를 동서로 관통하는 기나긴 여정이다. 기차표를 사는 것도 보통 일이 아니어서 큰맘 먹지 않으면 비행기를 이용할 수밖에 없다. 히바가 일찌감치 유네스코 세계문화유산으로 등재되었음에도 패키지여행 코스에서 배제된 것도 그런 이유에서였다.

드디어 호텔에 도착했다. 아시아히바호텔이다. 날씨는 매우 춥다. 동장군의 기세가 대단했던 지난 한 주의 한국 기온과 비슷하다. 인천공항을 떠나기 전 한 여행자는 다른 여행자들이 히바 겨울여행에서 호텔 난방 때문에 고생했다는 소리를 들었다며 지레 걱정부터 했다.

걱정대로 첫 밤을 보낸 호텔의 난방은 열악했다. 내 방에도 히터는 있었으나 제대로 작동하지 않았다. 한 대 툭 치면 작동했다가 놔두면 슬그

우르겐치 남성 예술단의 호레즘 전통 춤 공연

머니 다시 나가길 반복했다. 고장 난 히터였다. 최선을 다해 준비한다고는 했으나 '한꺼번에 150명의 여행단을 맞이한 건 처음인지라 히터가 부족하다'는 호텔의 변명을 받아주기로 했다. 따진들 무엇하랴. 대형 관광버스도 없어 7시간이나 걸리는 이웃 도시 부하라에서 급히 빌려왔다지 않는가. 히바가 변방의 구도시라는 것을 감안한다면 그런대로 이해될 만한 상황이었다.

긴장이 풀리자 이번엔 졸음이 몰려왔다. 만찬장에서 우르겐치 시장이 따라준 보드카 한 잔, 테이블에 동석한 한국 관광객이 따라준 또 한 잔, 그리고 여기까지 오느라 애쓴 나 자신을 위한 자작까지. 보드카 석 잔을 연거푸 가신 나는 취기를 히터 삼아 잠이 들었다.

투어 첫날—유네스코 세계문화유산의 도시 히바

오아시스 힐링 타운

1990년 12월 유네스코는 히바 고성 '이찬칼라'를 세계문화유산으로 등재했다. 우즈베키스탄의 고대 유적지 중 국제사회가 인정한 첫 사례였다. 유네스코는 세계문화유산 등재 이유를 다음 네 가지로 압축했다.

① 이찬칼라 내의 유적들이 일관성 있게 보존되어 있어 호레즘 문명의 증거 역할을 할 수 있다.

② 주마 모스크나 마드라사와 같이 중앙아시아의 문화적 특징을 잘 보여주고 예술적으로 주목할 만한 가치 있는 건축물이 있다.
③ 현대의 변화에 대한 취약성과 생활공간과 유적이 혼재하는 주거 건축물의 특이성이 있다.
④ 전체적인 도시 구성이 오래된 건축물과 새로 지어진 건물이 조화를 이루고 있다.

  1일 차 관광에 앞서 나는 아침 식사를 마치자마자 준비해 온 자료들을 읽어보며 오늘 둘러볼 히바 여행의 초점을 유네스코의 세계문화유산 등재 이유서로 확인했다. 그러면서 호텔 로비에 앉아 아슬아슬한 와이파이에 기대 습관적으로 지도 놀이를 즐겼다. 관광버스가 출발하기까지는 아직 1시간가량의 여유가 있었다.
  '서울은 벌써 점심시간이군. 대체 어제 얼마나 멀리 날아온 건가?'
  구글 지도를 열어 서울에서 이곳까지의 직선거리를 찍어보니 5,577km였다. 왕복 거리가 12,000km에 가까우니 옛날 말로 치자면 '히바 찾아 삼만리' 여정인 셈이다. 그렇게 생각하니 이번 여행의 특별함이 더욱 실감 났다.

이찬칼라 전경

이찬칼라에 도착해 인증샷부터

　차제에 여러 도시와 이곳 히바까지의 직선거리를 재미 삼아 눌러봤다. 베이징까지의 직선거리는 4,635km였고, 수도 타슈켄트까지의 직선거리는 738km쯤 됐다. 시선을 서쪽으로 돌려 카스피해까지의 직선거리를 찍어보니 513km다. 조금 더 서쪽까지 가보자는 심산으로 튀르키예 수도 이스탄불까지의 직선거리를 눌러보니 2,641km쯤 됐다. 또 이탈리아 로마까지의 직선거리도 3,902km로 나타났다.

　이쯤 되고 보니 지금 내가 앉아 있는 히바의 지리적 위치가 조금 더 명징해졌다. 중앙아시아라는 권역별 명칭이 익숙해 우리 쪽에 가까운 줄 알았다. 그런데 베이징보다 로마가 가까웠고, 조지아와 아제르바이잔 해안까지 물결이 닿는 카스피해가 이 나라의 수도 타슈켄트보다 가까

실크로드 전개도를 보며

운 곳이 이곳 히바였다. 또 남쪽으로도 투르크메니스탄 국경까지의 직선거리가 고작 11km에 불과했고, 그 아래 이란 국경까지의 직선거리도 443km에 불과하고, 이란의 수도 테헤란까지의 직선거리도 1,000km 안팎이니 히바의 지정학적인 위치는 확실히 페르시아 문명권과 가까웠다.

이제 출발 시간이 점점 가까워져 오고 있었다. 카메라 장비를 챙기며 유네스코의 세계문화유산 등재 이유서를 다시 확인했다. '이찬칼라 내의 유적들이 일관성 있게 보존되어 있어 호레즘 문명의 증거 역할을 할 수 있다'라는 문구가 유독 눈에 띄었다.

출국 전의 학습 결과 호레즘은 고대부터 문명이 발달했던 지역이다. 특히 킵차크 초원과 중앙아시아를 잇는 대상무역隊商貿易의 중심지가 바

제2장 실크로드를 따라서 | 히바 47

로 이곳이었다. 킵차크 초원은 지금의 러시아와 우크라이나, 카자흐스탄 3국에 걸친 광활한 스텝지대다. 일찍부터 아시아계 유목 민족의 이동과 성쇠가 반복됐던 그 지역의 문명사가 거상들에 실려 이곳 히바로 남하하고, 다시 남쪽의 이란 국경을 넘어 페르시아제국과 지중해 연안까지 전해졌으리라 생각하니, 히바는 분명 동서 문명의 교차로일 뿐만 아니라 남북 문명의 교차로 역할까지 맡았던 매우 중요한 오아시스 도시임이 분명해 보였다.

아침 9시. 넉 대의 버스에 나누어 탄 관광단 일행은 찬란했던 고대 호레즘 문명사의 흔적들을 직접 눈으로 확인하기 위해 호텔을 나섰다. 이찬칼라 서문에 도착한 건 그로부터 10여 분 뒤. 일행은 버스에서 내리자마자 흙으로 쌓은 거대한 성과 마주 섰다. 바로 히바의 내성인 '이찬칼라'였다. 붉은 황톳빛 성벽과 높이 솟은 에메랄드빛 미나렛이 묘한 대조를 이루는 이찬칼라의 첫인상은 강렬했다.

관광단은 4개 조로 나뉘어 각기 가이드를 붙여 따로 움직이기로 했다. 나는 그중 한 조와 종일 동행하며 50여 개의 건축물에 대한 사진 촬영과 관광단 단체사진 촬영 그리고 틈틈이 여행객 개별 인터뷰 등을 소화해 내야 했다. 전쟁 아닌 전쟁의 시작이었다.

"히바는 아랍어로 헤이와크, 즉 '숨은 우물'이란 뜻입니다. 전설에 의하면 성경에 나오는 노아의 아들 셈이 이 사막을 지나다 떨어진 별똥별

◁ 아침 햇살을 받아 강렬하게 빛나는 황톳빛 성벽

을 보고 땅을 팠는데 거기에서 물이 나왔대요. 그래서 그 샘물을 일러 헤이와크라 불렀고 그 말이 변해 히바가 되었다고 합니다."

우리 조를 담당한 가이드는 먼저 히바 유적지에 대한 총론부터 언급했다. 경상도 출신의 한국어 교사에게서 우리말을 배운 느낌이었다. 그의 말투에서 경상도 억양이 진하게 배어났다.

"히바는 키질쿰 사막과 카라쿰 사막으로 둘러싸여 있지만, 파미르고원에서 발원해 2,000여 km를 흘러온 아무다리야강 하류의 오아시스 지대라서 예부터 땅이 비옥했습니다. 물과 평원이 있다 보니 일찍부터 농사가 발달했지요. 이 도시가 번성할 수 있었던 것은 실크로드 덕분입니다. 히바는 페르시아제국 시절부터 오아시스 길과 초원길을 남북으로 연결하는 지정학적으로 매우 중요한 요충지였습니다. 그렇습니다. 히바는 실크로드 길목이자 동서무역 교역지로 일찌감치 번성을 누렸으나 역설적으로 그 때문에 늘 침략의 대상이 되기도 했습니다."

가이드의 설명이 이어졌다. 관광단은 그의 설명에 귀를 쫑긋 세웠다. 사전 공부에 소홀했던 사람들은 우즈베키스탄에 대한 총론보다 히바 관광지에 대한 설명부터 듣는 셈이었다. 말하자면 우리나라로 여행하러 온 외국 관광객들이 부산에서 내려 경주부터 들른 셈이라고나 할까? 그러곤 곧바로 대한민국에 대한 개괄적인 설명도 없이 통일신라 시대로 훅 들어간 것과 비슷한 모양새였다.

"칭기즈칸 군대가 이곳을 침략하기도 했고, 한때는 아미르 티무르의 지배를 받기도 했습니다. 이처럼 일찍부터 제국의 침략을 많이 받았던

이찬칼라 남문

곳이라 성벽도 외성과 내성, 이중 성벽으로 둘러쌓았습니다. 도시 외곽을 둘러싸고 있는 외성의 이름은 '디샨칼라'이고, 도시 중심을 둘러싸고 있는 내성의 이름은 '이찬칼라'입니다. 디샨칼라는 현재 거의 다 무너져 형태만 남아 있는데요, 반면 이찬칼라는 중앙아시아 전체에서 옛 도시 형태가 가장 잘 보존된 곳으로 1969년에는 도시 전체가 '박물관 도시'로 1990년에는 유네스코 세계문화유산으로 지정돼 많은 사람의 관심과 사랑을 받고 있습니다."

가이드가 설명한 이찬칼라의 성벽 모양은 특이했다. 성벽 하단부는 경사지게 쌓았고 상단부는 반듯했다. 성벽에는 반원형으로 돌출된 방어시설이 약 30m 간격을 두고 연속 배치되어 있었고, 성벽 맨 위쪽은 적의 동태를 살펴보거나 적을 공격할 수 있는 여장女牆이 설치되어 있었다.

"이런 모습은 중앙아시아 성곽들의 특징입니다. 저 둥근 건축물은 성벽 구조를 보강하는 역할과 망루 역할을 하는 것으로 적의 침략을 막기에 최적화된 형태입니다. 이찬칼라를 둘러싼 성벽은 높이가 8m이고요, 두께는 6m입니다. 그리고 성벽 전체 길이는 2.2km로 비교적 작은 성입니다. 성벽 위로 사람은 물론 말도 다닐 수 있도록 만들어졌습니다. 그리고 이찬칼라에는 모스크 20개, 마드라사 20개, 미나렛 6개 이외에도 수많은 중세유적이 보존되어 있습니다. 유적지 바로 옆의 오래된 흙집에는 원주민들이 살고 있습니다."

베흐조드. 우즈베키스탄에서 다섯 손가락 안에 든다는 관광가이드답게 그의 설명은 유창했다. 타슈켄트에 있는 동방대학교에서 한국어를 전공했고, 사마르칸트 한국 법인에서 3년 동안 일했다는 그의 한국어 실력은 이따금 튀어나오는 경상도 억양만 빼곤 나름 훌륭했다.

"이찬칼라로 들어가는 문은 동서남북 4군데가 있지만 대체로 이곳 서문이 이찬칼라 관광의 시작점입니다. 동문은 폴본 다르보자(힘센 자의 문), 서문은 오타 다르보자(아버지의 문), 남문은 토슈 다르보자(돌로 된 문), 북문은 보그차 다르보자(공원으로 난 문)라 부릅니다. 자, 여기까지 들으시고 궁금한 거 있으면 질문하세요."

질문이 없었다. 당연했다. 관광객 대부분의 사전 지식 부족 탓도 있었지만 바람까지 매서웠다. 숨을 내쉴 때마다 콧구멍에서 하얀 콧김이 풀

풀 새어 나왔다. 입으로 바람을 마시며 말을 한다는 건 고문이었다. 그러나 나는 처지가 달랐다. 기사를 제대로 쓰려면 현장에서 하나라도 더 건져야 했다. 이제 본격적으로 내가 나서야 할 차례가 되었다. 나는 한 손엔 녹음기를 또 한 손엔 카메라를 들고 가이드 옆으로 바짝 붙었다.

"이찬칼라는 완전히 토성인데요. 흙을 빚어 만든 성이 이렇게 오랜 세월 버텨냈다는 게 신기합니다. 무슨 특별한 비결이라도 있는 걸까요? 그리고 성내에 사람들이 거주한다고 했는데요, 이렇게 중요한 유적지에 주민들이 함께 공존한다는 사실도 의아합니다. 아무리 조심한다 해도 유적지가 훼손되지 않을까요? 그런데도 우즈베크 정부에서 아무런 조치를 취하지 않는 이유는 뭡니까?"

"네, 역시 기자님의 질문은 예리하군요. 설명하자면 이렇습니다. 이찬칼라는 성벽뿐만 아니라 안에 있는 건축물 또한 전부 흙으로 만들어졌는데요, 그냥 흙이 아닙니다. 먼저 흙벽돌로 건물의 기본 축을 쌓은 다음 그 위에 다시 진흙을 두껍게 바른 겁니다. 흙벽돌은 짚과 점토 그리고 말젖을 섞어 햇볕에 건조해 만들기 때문에 적성이 강해 아주 단단합니다. 그래서 쉽게 허물어지거나 깎여 나가지 않고 오랜 세월을 견딜 수 있었답니다.

물론 그동안 전쟁 통에 많이 부서지기도 했는데요, 그때마다 다시 복원하곤 했지요. 앞으로 보시면 알겠지만 지금도 한쪽에서는 성벽이 허물어져가고, 다른 한쪽에서는 열심히 보수를 하고 있습니다. 현재 이찬칼라에는 약 50여 종류의 중세 유적이 있고, 건축물들은 호레즘제국의 전통적 건축 기법과 페르시아식 건축이 융합되어 있습니다.

그 유적지 옆에는 250여 채의 흙집이 있고요, 3,000여 명의 주민들이 그곳에서 평화롭게 살고 있습니다. 여전히 그 공간에서 함께 사는 이유는 오래전부터 사람들이 그런 구조 속에서 그렇게 살아왔기 때문에 새삼 큰 문제라고 생각하지 않는 시민들의 의식 문제도 있고요. 지금 와서 따로 분리하자면 정부의 경제적 도움이 있어야 할 텐데 정부도 경제적으로 여유가 없다 보니 그런 부분까지 신경을 못 쓰고 있기도 합니다.

또한 유네스코에서 여기 히바를 세계문화유산으로 등재한 이유 중의 하나가 오래된 유적지에 사람들이 한데 어우러져 살아가는 모습이 자연스럽고 좋아 보인다고 하는 것도 한몫하지 않나 합니다."

그동안 자료를 통해 알게 된 내용에 베흐조드 씨의 탁월한 설명이 더해지자 히바와 이찬칼라의 역사가 한 줄로 꿰어지기 시작했다.

"마지막으로 한 가지만 더요. 안으로 들어가기 전에 우리가 특히 신경 써야 할 것은 무엇일까요?"

"좋은 질문입니다. 지금부터 꼭 외워 두셔야 할 것이 있습니다. 모스크와 미나렛, 마드라사입니다. 모스크는 이슬람교도가 예배를 드리는 장소입니다. 현대 아랍어로는 마스지드라고 하고요, 한국 이슬람교 정식 명칭은 성원, 그리고 영어로는 모스크라고 합니다.

미나렛은 모스크 옆에 세운 높은 탑으로, 예배 시간을 공지(아잔)할 때 사용되는 이슬람 건축물의 기본 요소입니다. 그리고 마드라사는 교육 시설을 가리키는 아랍어로, 전통적으로는 울라마(학자)를 육성하기 위한

무함마드 알 콰리즈미

고등교육 시설을 말합니다. 마드라사들은 본래 무슬림 양성을 위한 배움터였지만 지금은 대부분 호텔과 찻집 혹은 기념품 가게로 변했습니다. 좀 더 자세한 내용은 유적지를 직접 둘러보면서 설명하겠습니다. 자, 그럼 지금부터 저와 함께 이찬칼라를 천천히 돌아보겠습니다."

가이드가 우리를 처음 데려간 곳은 서문 광장 오른쪽 끝에 있는 대형 실크로드 안내판이었다. 나는 실크로드 안내도의 오른쪽 끝단에 있는 한반도 지도와 알고리즘이라는 용어를 만들어낸 히바 출신의 대수학자 무함마드 알 콰리즈미의 동상 사진부터 찍었다. 마침 오늘 자 인터넷판 기사로 우즈베키스탄 IT 산업에 대한 글을 내보내야 하는데 알 콰리즈미 이야기부터 언급하겠다는 편집장의 독촉이 있었기에 이 사진이 필요했다.

무함마드 알 콰리즈미는 9세기 인물로 '시대를 초월해 수학자들을 일렬로 세우면 그중 선두에는 무함마드 알 콰리즈미가 있다'라는 평가를 받을 정도로 위대한 천재 수학자. 히바가 고향인 그는 바그다드에서 활동하며 아라비아 숫자를 이용해 역사상 최초로 덧셈, 뺄셈, 곱셈, 나눗셈 등의 사칙연산을 만들고 0과 위치값을 사용한 수학자로 알려져 있다. 또 《복원과 대비의 계산》이란 책을 통해 일차방정식과 이차방정식의 일반적인 해법을 소개하기도 했다. 그는 천문학자로서도 명성을 떨쳤던 인물이다. 지질학 분야 《지구의 외형에 관한 책》을 펴낸 바 있으며, 그리스 과학 서적 번역에도 힘썼던 우즈베키스탄의 자부심을 대표하는 인물 중 하나다.

우즈베키스탄의 오지 히바에서도 나는 유비쿼터스 세상을 경험하는 중이었다. 스마트폰으로 방금 촬영한 알 콰리즈미 동상 사진을 길에 서서 서울 편집실로 보내며, 이른바 지구촌 어디에서나 접속 가능한 정보통신 환경에 새삼 고마움을 느끼는 순간, 가이드의 재촉으로 본격적인 이찬칼라 탐방 길에 나서기 시작했다.

서문 입구에서 우리는 단체로 자유이용권을 샀다. 성안으로 들어가는 것은 자유로우나 대부분의 개별 건축물에 들어가려면 입장료를 내야 하니 자유이용권을 구매하는 것이 좋다고 한다. 스마트폰 외의 카메라로 유적지 안쪽을 촬영하면 추가로 촬영비를 내야 한다는 주의를 듣고 성안으로 발을 내디뎠다.

서문을 넘자마자 육중한 원통형 건물이 단박에 내 눈을 사로잡았다. 세월을 말해주듯 맨 아래층은 타일이 듬성듬성 벗겨졌지만 위로 갈수록 층층이 하늘색, 민트색, 에메랄드색 타일 위에 흰색의 아라베스크 무늬가 선명한 아름다운 미나렛이었다.

"칼타 미노르 미나렛인데요, 이찬칼라에서 가장 강렬한 인상을 주는 곳으로 히바를 상징하는 아이콘이랍니다. 이 미나렛은 1852년 당시 통치자였던 무함마드 아민 칸에 의해 착공되었으나 1855년 아민 칸이 갑자기 사망했기 때문에, 완공되지 못한 채 이렇게 뭉툭한 상태로 남게 되었습니다."

가이드의 이어지는 설명에 따르면, 하단 지름 14.2m, 높이 26m인 이 미나렛의 당초 계획은 100m 높이였다고 한다. 완공이 되었다면 으즈베키스탄에서 가장 높고 아름다운 미나렛이 됐을 거라고 했다.

"당시 무함마드 아민 칸이 부하라의 칼란 미나렛보다 높은 미나렛을 지어 멀리 떨어진 부하라를 감시하려 했는데 이 사실을 안 부하라의 칸

칼타 미노르 미나렛

무함마드 아민 칸 마드라사

팔라반 마흐무드 영묘

이 탑 기술자를 매수해 공사를 중단시켰고, 아민 칸이 부하라로 도망치던 기술자를 붙잡아 사형에 처해 공사가 중단되었다는 설도 있지만, 무함마드 아민 칸이 전쟁터에 나갔다 전사하는 바람에 공사가 중단됐다는 설이 더 유력하게 받아들여지고 있습니다."

 가이드는 거대한 미완성의 탑, '칼타 미노르 미나렛'에 대한 설명에 이어 곧바로 '무함마드 아민 칸 마드라사'를 소개했다. 벽면을 장식한 청색 타일의 기하학적 무늬가 유난히 돋보였다.

결혼식 후 팔라반 마흐무드 영묘를 방문한 신랑 신부

"앞서도 말씀드렸지만 본래 마드라사의 기능은 신학생들이 기도하면서 공부하던 기숙학교였습니다. 이곳은 중앙아시아에서 알아주는 마드라사입니다. 1855년에 완공되었는데 2층 건물로 당시에는 기숙사 방 125개에서 200명이 넘는 학생들이 이슬람 경전을 공부했다고 합니다. 스탈린 시대의 종교 탄압에도 살아남은 명소입니다. 그런데 지금은 호텔로 변신해 관광객들을 받고 있습니다."

무함마드 아민 칸 마드라사를 둘러본 뒤로부터는 발걸음에 속도가 붙었다. 추위 때문이었다. 관광단 일행은 이어 '무함마드 라힘 칸 마드라사'와 누룰라 바이 궁전, 그리고 '돌 마당'이라는 뜻의 타쉬 하울리 궁전을 찾았다. 높은 벽과 사방을 막은 정원을 갖춘 건축양식으로 호레즘 건축물의 토대가 되었다는 타쉬 하울리 궁전은 알라쿨리 칸이 세운 궁으로, 방마다 벽면을 채운 타일의 색과 문양이 눈부시게 아름다웠다. 보는 이마다 탄성을 쏟아냈다.

다음은 히바의 음악사를 잘 정리해놓은 음악박물관과 히바에서 가장 오래되었다는 건축물인 사이드 알라우딘(낙쉬반드 수피)의 영묘, 그리고 히바 건축물 중 최고로 꼽힌다는 팔라반 마흐무드 영묘를 둘러봤다. 멀리서도 초록색 타일의 아치형 지붕이 눈에 확 띄는 팔라반 마흐무드 영묘는 히바에서 가장 존경받던 시인이자 철학자였던 팔라반의 묘로, 수많은 무슬림이 찾는 성지순례지라고 했다.

운이 좋았다. 때마침 화려한 신랑 신부 행렬이 등장했다. 흰 웨딩드레스를 입은 신부는 살을 에는 추위에도 미소를 잃지 않았다.

"우즈베크에서는 결혼하는 신랑 신부는 반드시 지역의 유적지에 있는 존경하는 분의 동상이나 묘를 찾아 예를 올리는 풍습이 있습니다. 민족의 영웅에게 감사한 마음을 전하고 앞으로 낳을 자식들이 영웅처럼 훌륭한 인물이 될 수 있기를 소망하는 의식입니다."

영묘 마당에는 우물이 하나 있었다. 우물에서는 지금도 물이 솟아오르는데 이 물을 마시면 남자는 강해지고, 여자는 아름다워진다는 전설이 있었다. 신랑 신부는 먼저 우물물을 마신 후 영묘 앞에 가서 기도를

이찬칼라 나 전통 레스토랑에서 벌인 흥겨운 춤판

드렸다. 경건하고 성스러운 모습이었다.

팔라반 마흐무드 영묘를 나오니 점심상이 준비되어 있었다. 이찬칼라 내에 있는 전통 식당이었다. 진수성찬이었다. 흩어져 있는 관광단이 모여들었다. 비수기에 150명의 손님을 받은 식당 주인의 입은 귀 끝까지 올라갔다.

고기와 빵, 채소 과일 등의 음식이 한 상 올라왔다. 곧이어 히바 전통 무예단의 춤과 노래가 이어졌다. 나는 얇게 반죽해 화덕에서 갓 구워낸 히바식 전통 빵과 당근 무침, 그리고 '슈르빠'라는 우즈베크 수프(탕)를 맛있게 먹었다. 음식은 풍성했고 술은 잘 넘어가고 풍악도 울리는데 어찌 춤을 추지 않을 수 있으랴.

◁ 주마 모스크 정문　△ 주마 모스크 전경

보드카가 몇 순배 돌자 흥에 겨운 관광단은 자리에서 일어나 춤을 추기 시작했다. 히바 전통 춤과 한국 막춤이 뒤섞인 국적 불명의 춤판이었다. 결국 풍악 소리를 듣고 모여든 외국 관광객들까지 춤판에 끌어들인 우리 관광단은 한판 걸판지게 놀고 나왔다.

점심을 잘 먹고 기분이 좋아진 우리 팀은 다시 관광을 시작했다. 다음 장소는 주마 모스크였다. 점토 벽돌 바탕에 일곱 개의 녹색 줄이 있는 미나렛과 바싹 붙어 있었다. 그런데 여느 모스크와 달리 아치 모양의 정문과 푸른 돔이 없었다. 금요일마다 수천 명이 모여 예배를 봤다는 전설적인 곳인데, 외형적으로 너무나도 소박한 모습이었다.

나무로 된 모스크 출입문은 고색창연한 조각으로 장식돼 호레즘 왕국의 천년 역사를 말해주고 있었다. 여닫이문은 검은빛에 가까웠는데, 세월의 이끼가 켜켜이 쌓여 있었다. 동그란 쇠 문고리를 잡고 문을 안으로 미는 순간, 마치 중세로 빨려 들어가는 듯했다. 모스크 실내는 전체적으로 어둑했으나 중앙 채광창을 통해 들어오는 빛과 어우러져 신비감을 더해줬다. 55×46m 면적의 모스크에는 약 3m 간격으로 212개의 기둥이 서 있었다. 호레즘과 아랍의 사원 등에서 가져왔다는 그 기둥들은 저마다 다른 문양과 역사를 지니고 있었다. 가장 오래된 기둥은 중세 시대 호레즘의 수도였던 카타에서 옮겨온 것이라는데 약 1,000년 이상 되었다고 한다. 놀라울 뿐이었다.

다음 장소는 골목 시장이었다. 나는 이번엔 마음의 여유를 갖고 관광단 뒤로 물러서서 걸었다. 신기했다. 비로소 보이는 것들이 있었다. 취재

이찬칼라 전통 공예품 노점상 거리

를 위해 가이드 옆에 붙어 다닐 때는 굵직한 유적지만 보였는데, 이렇게 뒤에 한 발 떨어져서 바라보니 작고 소소한 것들이 보이기 시작했다. 골목 안쪽으로 아치형의 나무 문이 달린 가게들이 즐비하게 늘어서 있고 그 사이사이로 노점상들이 자리를 차지하고 있었다. 가게에서는 갖가지 토산품과 공예품들을 팔고 있었는데 하나같이 전통 색채가 짙은 수제품들이었다. 이찬칼라 성안에 사는 주민들은 뭘 하며 먹고 사는지 궁금했는데 여기에서 답을 찾을 수 있었다.

제일 먼저 눈에 띈 건 히바 전통 털모자였다. 양모로 만들었다는데 털

이 북실북실한 것이 오늘처럼 찬 바람이 부는 날 쓰기엔 안성맞춤인 모자였다. 하지만 외국 관광객을 호구로 보는 건 어디나 비슷했다. 한국 관광객들이 우르르 몰려들자 그들은 순진한 얼굴로 물건 값을 두 배로 불렀다. 그러자 다들 썼던 모자를 벗어 제자리에 갖다 놨다.

다음은 목공예품 거리였다. 도마, 액자 등 생활용품부터 대형 문짝과 북 스탠드까지 종류도 다양했다. 히바의 목공 기술이 대단하다는 것은 익히 알고 있었다. 히바 유적지의 출입문과 창호는 모두 히바의 목공 기술로 만들어졌으며, 그 기술은 전통 문화유산으로 전해진다고 했다. 우르겐치의 뜻도 '우르(만든)', '겐치(공예품)'라 하니 그 명성을 짐작할 수 있었

이찬칼라 노점상 거리에서 공예품을 만들고 있는 여성

다. 골목에는 목공 제품을 만드는 현지인이 많았고, 할아버지가 미래의 공방 장인이 될 어린 소년에게 제작 방법을 자상하게 가르쳐주는 모습이 인상적이었다.

그다음 우리의 발걸음을 잡은 건 우즈베키스탄 전통 인형이었다. 흙으로 빚어 살을 입힌 후 유약을 발라 구워낸 인형이었다. 이슬람 전통 복장을 한 할아버지 인형들이 나란히 서서 하회탈처럼 웃고 있었다.

다양한 색상과 모양의 전통 인형, 접시, 도자기상점을 지나자 이번에는 여성들의 손재간을 자랑하는 노점상이 나왔다. 전통 문양의 비단과 옷, 스카프, 털양말과 카펫들이 길거리를 화려하게 수놓고 있었다. 카펫

이슬람 호자 미나렛

이찬칼라 내의 또 하나의 성, 쿠나 아르크

은 실크로드 대상들에게 중요한 교역 품목의 하나였다. 방석만 한 크기의 카펫 하나를 완성하기 위해서는 여성 한 사람이 한 달을 매달려야 한다고 했다. 당연히 가격이 만만치 않았다. 카펫은 예뻤지만, 일반 선물용으로는 비쌌다.

호객꾼과 장사꾼 사이를 뚫고 나온 우리의 다음 목적지는 이슬람 호자 미나렛이었다. 이 미나렛은 높이 자체로 사람들을 압도했다. 황토색 위의 푸른색 띠와 상층부의 녹색 타일로 화려하게 장식한 탑은 워낙 높아 꼭대기를 보자면 고개를 뒤로 바짝 젖혀야 했다.

"여기에 있는 이슬람 호자 미나렛은 1910년에 완성되었습니다. 히바에서는 가장 최근에 지어진 건축물로 높이가 44m나 됩니다. 마드라사는 가장 작지만, 미나렛은 히바에서 가장 높아 이찬칼라 어디에서든 눈에 띄는 랜드마크랍니다. 이 미나렛은 내일 부하라에 가서 보게 될 유명한 칼란 미나렛과 쌍벽을 이루고, 여러분이 직접 올라가 볼 수도 있습니다. 안에는 99개의 나선형 계단이 있는데요, 통로가 아주 좁고 어두컴컴하지만 맨 꼭대기에 올라가면 히바 시내 전체를 한눈에 내려다볼 수 있지요. 전망은 아주 멋집니다. 어때요? 한번 올라가 보시겠습니까? 올라가겠다는 분이 있다면 제가 따라가겠습니다."

이미 기력이 다한 일행은 고개를 절래절래 흔들며 자리를 피했다. 가이드는 나를 슬그머니 쳐다보았다. 나는 다소 난처한 표정을 지으며 어깨를 으쓱했다.

"나 하나 때문에 올라갈 수는 없잖아요. 괜찮아요. 내일 부하라에 가서 칼란 미나렛에 올라가면 돼요."

내가 아쉬워하자 가이드가 위로했다.

"여름에 오지 않고 겨울에 왔으니 그나마 이만큼이라도 본 거예요. 히바의 여름 기온은 섭씨 50도까지 올라가 우즈베크 사람들은 아예 이곳에 올 생각을 안 하거든요. 그런데 외국 여행객 중에는 그 살인적인 여름에도 기어이 찾아오는 분들이 있더라고요."

이제 마지막 유적지만 남았다. 쿠냐 아르크였다. '옛 성채'란 뜻의 쿠냐 아르크는 17세기 말에 지어졌다. 성벽으로 둘러싸인 칸의 궁전으로, 이찬칼라 안에 세워진 또 하나의 궁전이었다. 궁전 안에는 칸의 거주 공간, 업무 공간, 회의실, 화약 공장, 무기고, 마구간, 모스크, 왕비와 궁녀들만 거주할 수 있는 하렘 등 다양한 시설이 갖춰져 있었다. 내가 쿠냐 아르크에서 꼭 가보고 싶었던 곳은 무엇보다도 궁전 전망대였다. 일명 이찬칼라 석양 포토존으로 유명한 곳이었다.

히바의 역사를 한눈에 볼 수 있는 쿠냐 아르크 박물관을 나오니 어느새 해가 서쪽으로 기울고 있었다. 마음이 바빠졌다. 서둘러 발길을 성벽 전망대로 돌렸다. 우리 팀도 곧바로 뒤따라 올라갔다.

"와아."

"오오."

"원더풀!"

누가 먼저랄 것도 없이 저마다 입에서 터져 나온 감탄사가 한동안 계속 이어졌다.

저녁 빛을 받아 황금색으로 변한
이찬칼라 내성 전경

이찬칼라 유적지 공원에서
공을 차고 노는 남자아이들

"음…."

내 입에서도 신음소리 같은 감탄사가 흘러나왔다. 놀라운 전경이었다. 사진에서 보던 그대로였다. 이찬칼라 안의 모습이 한눈에 다 들어왔다.

흙벽으로 빙 둘러싸인 성벽 안은 흡사 아라비안나이트 영화 세트장 같았다. 우뚝 솟은 미나렛과 푸른 돔, 유적지와 유적지 사이로 나 있는 미로 같은 좁은 골목, 유적지 공원에서 축구공을 차는 소년들, 삼삼오오 재잘거리며 돌아다니는 소녀들, 좌판 옆에서 손뜨개질하는 할머니, 전시용 낙타에게 먹이를 주고 있는 할아버지, 유적지 광장을 어슬렁어슬렁 걸어 다니는 동네 개, 다닥다닥 붙은 흙집들, 흙벽 앞에 내걸린 빨래와 소품들, 저녁밥을 짓기 위해 물을 길어오는 아낙, 샤슬릭을 굽기 위해 숯불을 지피는 남정네. 그랬다. 그냥 보고만 있어도 마음이 푸근해지는 풍경이었다.

얼마나 시간이 흘렀을까.

"최 기자님, 그만 내려오세요. 저녁 식사 시간 다됐어요."

가이드가 성벽 밑에서 소리를 질렀다. 그제야 나는 추억에서 **빠져나왔**다. 아쉬움을 뒤로 하고 성벽을 내려가는 길, 석양빛을 받은 이찬칼라는 점점 황금빛으로 물들어 갔다.

▷ 흙벽 앞에 내걸린 빨래

부하라-중앙아시아 이슬람 최대 성지
지붕 없는 고대 박물관에서의 하루

출국 직전 우즈베키스탄의 한 대형 여행사로부터 자료 하나를 받았다. 며칠 뒤 타슈켄트에 도착하면 만날 여행사다. 2017년 11월 이 나라 대통령(미르지요예프)이 한국을 방문해 문재인 대통령과 정상회담을 한 바 있다. 그 뒤 우즈베키스탄에 대한 한국인들의 관심도가 높아지고 있다는 사실을 파악한 이 여행사는 한국시장 공략에 적극성을 보이는 중이었다. 어떻게 알았는지 나의 이번 우즈베키스탄 방문을 알고 한국어로 만든 자사 홍보 팸플릿을 보내왔다.

그 자료를 넘겨보다 잠시 얼굴을 붉혀야 하는 통계 도표를 보게 됐다. '국가별 인기 관광 카테고리'란 제목의 이 도표에는 입체 그래프를 통해 주요 국가들의 관광 선호도가 자세히 나와 있었다.

독일-인문투어

벨기에-트래킹투어

스페인-쇼핑투어

네덜란드-에코투어

일본-고고학투어

한국-골프투어

프랑스-미식투어

튀르키예-순례여행

아랍에미리트연합-VIP 투어

출처를 밝히지 않아 이 통계가 우즈베키스탄 관광청의 공식 자료인지, 아니면 여행사의 타깃 마케팅용 자료인지 모호했다. 하지만 이유야 어쨌든 한국인들의 관광 선호도를 '골프투어'로 분석했다는 사실이 당혹스러웠다. 반면 일본은 '고고학투어'였고, 독일과 네덜란드는 '인문투어'와 '에코투어'였다. 달리 해석하면 일본, 독일, 네덜란드, 프랑스 등은 문화 선진국이고, 한국은 문화 후진국으로 폄훼된 것 같아 속상했다.

게다가 홍보 자료집의 한 귀퉁이에는 일본의 경우 인기 만화《오토요메가타리乙嫁語り》가 출간된 이래 젊은 층들의 우즈베키스탄 여행이 늘고 있고, 특히 부하라 지역이 일본 관광객들의 특수를 누리고 있다는 분석 기사까지 인용해놓고 있었다. 대부분 사람들이 그렇듯 어릴 때는 만화를 참 좋아했다. 하지만 성인이 되면서 문학과 영화가 그 자리를 대체했

부하라 아르크 고성 전경

다. 따라서 최근 만화 정보에 과문한 것은 당연했다. 여행사의 홍보 자료를 덮자마자 인터넷을 뒤져 오토요메가타리를 검색했다.

2014년 일본 만화대상을 수상한 이 작품은 우리나라에서도 《신부 이야기》(대원씨아이)란 제목으로 번역 출간됐고, 이에 대한 국내 독자들의 감상평이 줄을 잇고 있을 만큼 국내에서도 나름 관심 끄는 작품이었다.

'독특한 감성으로 큰 인기를 끌며 많은 사랑을 받았던 만화 《엠마》의 작가 모리 카오루의 신작 신부 이야기는 19세기 중앙아시아의 실크로드를 배경으로 한 장대한 스케일의 내용과 섬세하고 화려한 그림 그리고 한층 성숙된 탄탄한 스토리로 일본에서도 현재 많은 기대를 받고 있다. 드넓은 중앙아시아를 배경으로 펼쳐지는 이 만화의 이야기는 충분히 매력적이다. 전작의 두터운 팬층과 대중적인 호감도는 다양한 연령층의 독자를 끌어들일 수 있어, 많은 인기가 기대되는 작품이다.' (인터넷 교보문고)

관련 정보를 더 뒤적여보니 3권을 통해서는 이 만화 작품의 무대가 되는 공간을 정교한 지도로 그려놓았다는 글들도 있었다. 그러면서 1권부터 3권의 무대가 부하라 일대라고 소개한 글들에는 '만화를 보다 문득 그 지역을 여행하고 싶어졌다'거나 '부하라는 우즈베키스탄이란 나라의 한 고대 도시인데, 도시 전체가 꽃밭 매는 김태희로 가득한 곳'이란 장난기 어린 댓글들도 여럿 달려 있었다. 어떤 내용인지 급 궁금해졌다. 하지만 출국까지는 고작 일주일도 남지 않아 결국은 포기하고 여행길을 떠나왔던 건데, 막상 부하라에 도착하고 나니 그 만화를 챙겨보지 못했던 게 못내 아쉬웠다.

인터넷 정보에 따르면, 만화의 시대적 배경은 19세기 제정 러시아 시절이다. 그 시기를 택해 작품을 그린 이유에 대해 원작자 모리 카오루 즈가는 언론과의 인터뷰를 통해 "19세기 후반, 제1차 세계대전이 벌어지기 전의 중앙아시아를 배경으로 하고 있는데, 배경을 이렇게 잡은 이유는 문헌적인 자료가 많이 남아 있고, 동시에 중앙아시아적인 전통이 살아 있던 시기였기 때문"이라고 밝혔다. 그러면서 작가는 "제1차 세계대전 이후 중앙아시아는 소비에트 연방에 흡수되면서 전통적인 풍습이 많이 변형되기 시작했다"라고 덧붙였다.

전날 내방 창문은 밤새 시베리아 발 삭풍으로 흔들렸다. 이 칼바람은 킵차크 초원과 카라쿰 사막을 지나고 50km쯤 떨어진 아무다리야 강변을 지나 이곳 히바 고성까지 이르러 동방의 태평양 끝자락에서 온 여행객의 창문을 두드리며 무슨 사연인가를 속삭이고 싶어 하는 듯했다. 그 때문에 몸은 매우 피곤했지만 쉽게 잠들지 못했다.

여행 이틀째인 1월 31일 오전 9시 55분, 여행단은 2,500년 역사의 고대 도시를 보기 위해 부하라행 국내선에 몸을 실었다. 비행시간은 40분. HY-0052편 특별기는 10시 반, 부하라 공항에 도착한다. 히바와 부하라의 거리는 500km로 기차나 합승 택시를 타면 7시간이 걸린다. 하지만 우리는 특별 초청 관광단이기 때문에 특별기를 타고 갈 수 있었다.

하늘에서 내려다본 겨울 키질쿰 사막은 생각보다 황량했다. 그랬다. 지금 발밑에 그동안 사진과 자료로만 접했던 키질쿰 사막이 있었다.

붉은 모래를 헤집고
지평선 끝에 닿아 있는 키질쿰 사닥 길

키질쿰 사막의 낙타들

키질쿰 사막을 오갔던 낙타 떼와 실크로드 대상 모형

천산산맥과 파미르고원을 넘어 온 대상들이 페르시아를 거쳐 아랍이나 유럽으로 가기 위해 건너야 했던 키질쿰 사막. 고대부터 근대 러시아 제국까지 유라시아의 강대국들이 중앙아시아를 침략하기 위해서도 반드시 건너야 했던 사막, 키질쿰. 동에서 서로 대상들의 짐을 실어 나른 수많은 낙타 발굽과 서에서 동으로 제국의 군사들을 싣고 달린 수많은 말발굽이 시공간을 넘나들던 바로 그 키질쿰 사막이 저 아래에 펼쳐져 있었다.

나는 고개를 비행기 창 밑으로 바짝 붙여 키질쿰 사막을 내려다봤다. 붉은 모래 사이를 헤집고 쭉 뻗어 있는 검은 아스팔트가 사막 지평선 끝에 닿아 있었다. 비행기에 오를 때까지만 해도 30분쯤 눈을 붙이고자 했다. 그런데 키질쿰 사막을 바라보고 있자니 다시 잠이 달아났다. 부산에서 신의주까지의 거리가 900km다. 그보다도 500km가 더 긴 1,400km의 길이로 카자흐스탄과 투르크메니스탄, 우즈베키스탄 3국에 걸쳐 있는 이 사막은 면적만도 한반도 크기의 1.5배인 30만㎢ 규모다.

튀르키에 말로 '붉은 모래'라는 뜻의 이 사막에는 여러 종류의 천연자원이 매장돼 있다. 금과 은, 우라늄, 천연가스 등 다양한 자원 중에서도 특히 금 매장량은 세계 2위 규모다. 사막여우를 비롯한 야생동물들의 서식지로도 유명하다. 단봉낙타와 쌍봉낙타가 자주 출몰하고, 독수리와 늑대들도 사막의 주인으로 키질쿰을 지킨 지 오래다. 게다가 봄부터 가을까지는 사막에서만 피어난다는 들꽃들도 지천이라니 생각만 해도 심장이 뛰었다. 지금은 비록 스치듯 지나지만, 언젠가 다시 찾아와 붉은 모래가 넘실대는 키질쿰 사막을 반드시 걸어 보리라 다짐했다.

'어린 왕자에 나오는 사막여우도 만나고 삭사울 이파리를 뜯어먹는 낙타도 만나 보리라. 낮에는 사막 호수에 발을 담그고, 밤에는 유르트 캠프에 누워 쏟아지는 별을 보며 아라비안나이트 여인이 되어 천일야화를 더 이어가리라.'

상념에 빠진 사이 비행기는 어느새 부하라 상공이었다. 갈색 사막 도시 부하라가 코앞으로 다가왔다.

부하라는 2,500년의 역사를 자랑하는 고대 도시다. 마치 우리나라의 경주처럼 고색창연한 이 도시를 좀 더 자세히 알기 위해서는 '트란스옥시아나'와 '소그디아나'라는 지명에 익숙해져야 한다.

'트란스옥시아나'는 '옥수스 너머의 땅'이란 뜻의 라틴어다. 고대 그리스 사람들은 파미르고원에서 발원해 아랄해까지 흘러드는 지금의 아무다리야강을 옥수스강이라고 불렀다. 아마도 BC 4세기 알렉산더 군대가 이 지역을 정복하면서 강 이름을 그렇게 칭했던 것 같다. 그 과정에서 옥수스 너머의 땅, 즉 '트란스옥시아나'는 서쪽으로는 아랄해 남부의 호레즘과 접해 있고, 남서쪽으로는 이란 동부의 호라산과 접하며, 동쪽으로는 페르가나 계곡과 파미르고원이, 동남쪽으로는 힌두쿠시산맥이, 그리고 북쪽으로는 스텝 지대가 펼쳐져 있다고 기록했다. 지금의 우즈베키스탄과 거의 일치하는 지명이다. 말하자면 '트란스옥시아나'는 우즈베키스탄의 고대 이름인 셈이다.

'소그디아나(소그드 지역)'는 트란스옥시아나의 중심지를 가리키는 고대 페르시아 지명으로, 지금의 부하라와 사마르칸트 지역을 가르치는 고유명사다. 651년 이슬람 세력의 동진으로 무너진 사산왕조 시기까지 쓰였다는 이 지명은 고대로부터 이 지역에 살아오며 '소그드어'라는 자체 언어까지 갖고 있던 '소그드인'에서 유래됐다.

공항에 내렸을 때 추운 날씨임에도 불구하고 공항 광장에 수많은 사람이 줄지어 있었다. 이미 히바 공항에서 한 번 경험한 관광단은 감사한 마음을 최대로 전하며 서둘러 관광버스에 올랐다. 관광버스가 광장을 다 빠져나갈 때까지 부하라 사람들은 제자리에서 손을 흔들었다. 부하라 사람들은 정이 많기로 유명하다더니 과연 듣던 대로였다. 공항에서 시내로 들어가는 길, 가이드의 설명이 이어졌다.

"부하라는 우즈베키스탄 부하라주의 주도로 2,500년의 세월을 간직한 역사 도시입니다. 부하라는 산스크리트어로 '비르하라', 즉 수도원이라는 뜻인데요, 이슬람 시대 이후에는 '부하라 샤리프', 곧 '성스러운 부하라'로 불립니다."

이틀 밤을 함께 보낸 여행단은 이제 가족처럼 가까운 사이가 됐다. 일부 여행객들은 심야 보드카 몇 잔으로 이미 술친구가 되어 있었다. 그러니 여행 분위기는 훨씬 부드러워졌다. 호기심 많은 중년 여성들의 거듭되는 질문에 가이드도 흡족한 표정이었다.

"부하라를 '성스러운 도시'라고 하는 이유는 뭔가요?"

"중앙아시아에는 예로부터 많은 종교가 있었습니다. 대표적으로 불교, 조로아스터교, 이슬람교 등입니다. 이러한 종교들이 부하라를 중심으로 계속 발전하고 확장되었습니다. 부하라에서는 훌륭한 이슬람 학자가 다수 배출되었고요. 당대 유명한 종교인도 많이 등장했습니다.

그중 한 명이 '이맘 부하리(무함마드 알 부하리)'입니다. 9세기 무렵의 부하라 출신인데요. 이 분은 전 세계 무슬림들이 가장 신뢰하고 즐겨보는 《하디스》라는 경전을 만든 인물입니다. 하디스는 이슬람을 창시한 무함마드(마호메트)의 말씀과 행동을 기록한 것입니다.

또 다른 사람으로는 수피즘의 대가인 '아흐메드 야사비'와 '바하웃딘 낙쉬반드'가 있습니다. 낙쉬반드는 이슬람 수니파의 종파 중 하나인 수피 신학을 집대성한 수피즘의 대가입니다. 부하라에 낙쉬반드의 영묘가 있습니다. 이 영묘는 우즈베키스탄에서 가장 영적인 공간 중의 하나이자 수피즘의 성지로 유명합니다."

"부하라가 중앙아시아 이슬람 성지라고 들었습니다. 사실인가요?"

"네, 맞습니다. 이슬람의 가장 중요한 행사 중의 하나가 '하지'인데요. 메카의 성지를 순례하는 겁니다. 성지순례는 모든 무슬림에게 부과된 종교 의무 중 하나인데 쿠란에 이렇게 적혀 있습니다. 건강이 허락하고, 경제적으로 허락한다면 사우디아라비아의 메카에 가서 성지순례를 하는데 만약에 이 두 가지가 충족되지 못하면 그 지역의 가장 성스러운 도시에 가서 성지순례를 하라고요. 중앙아시아에서는 부하라가 바로 그런 곳입니다. 중앙아시아는 7세기 말 아랍에 정복당한 후 8세기에 이르러 이슬람을 주요 종교로 받아들였습니다. 그러면서 부하라가 중앙아시아의 이슬람교 중심지가 되었습니다."

가이드는 어제보다 훨씬 능숙해진 한국어로 설명을 시작했다. 부하라 지역에 대한 개괄적인 해설을 이어가면서 그는 히바가 아무다리야강 하류 도시였다면, 이곳은 제라프샨강 하류 지역이라고 알려주었다. 또 부하라도 히바처럼 오아시스 도시라는 설명과 함께 천산산맥 북쪽을 걸쳐가는 초원로와 파미르고원을 넘는 육로가 이곳에서 만난 뒤 다시 키질쿰과 카라쿰 사막을 뚫고 페르시아 쪽으로 가거나 히바를 경유해 카스피해 쪽으로 이어진다고 손짓 지도까지 그려가며 자세히 소개했다.

"과거 번성했을 때는 200개가 넘는 모스크와 100개 이상의 마드라사가 있었고, 6개의 교역장과 45개의 시장이 있을 만큼 부하라는 거대 도시였습니다. 1993년 부하라 도시 전체가 유네스코 세계문화유산으로 지정됐습니다. 유적지 대부분이 도시 동쪽에 위치하는데요, 오늘 그곳들을 방문할 예정입니다."

가이드의 안내대로 부하라 역사 지구에서의 첫 목적지는 '아르크 고성'이었다. 고성의 성벽에는 사막을 횡단하는 낙타 떼가 장식돼 있었다. 역시 실크로드 오아시스 도시답다는 생각이 들었다. 가이드는 낙타 그림에 조명을 설치했기 때문에 밤에 보면 더욱 운치가 있다고 소개했다.

"부하라 성곽은 삼중 구조로 되어 있습니다. 먼저 칸을 비롯한 관료들이 거주하는 성채가 있고요, 성채 밖으로는 도심이 형성되어 이슬람 사원과 신학교들이 있었습니다. 그 밖의 교외 지역엔 시장이 형성되어 있

▷ 중앙아시아 이슬람의 성지 부하라의 상징물, 모스크

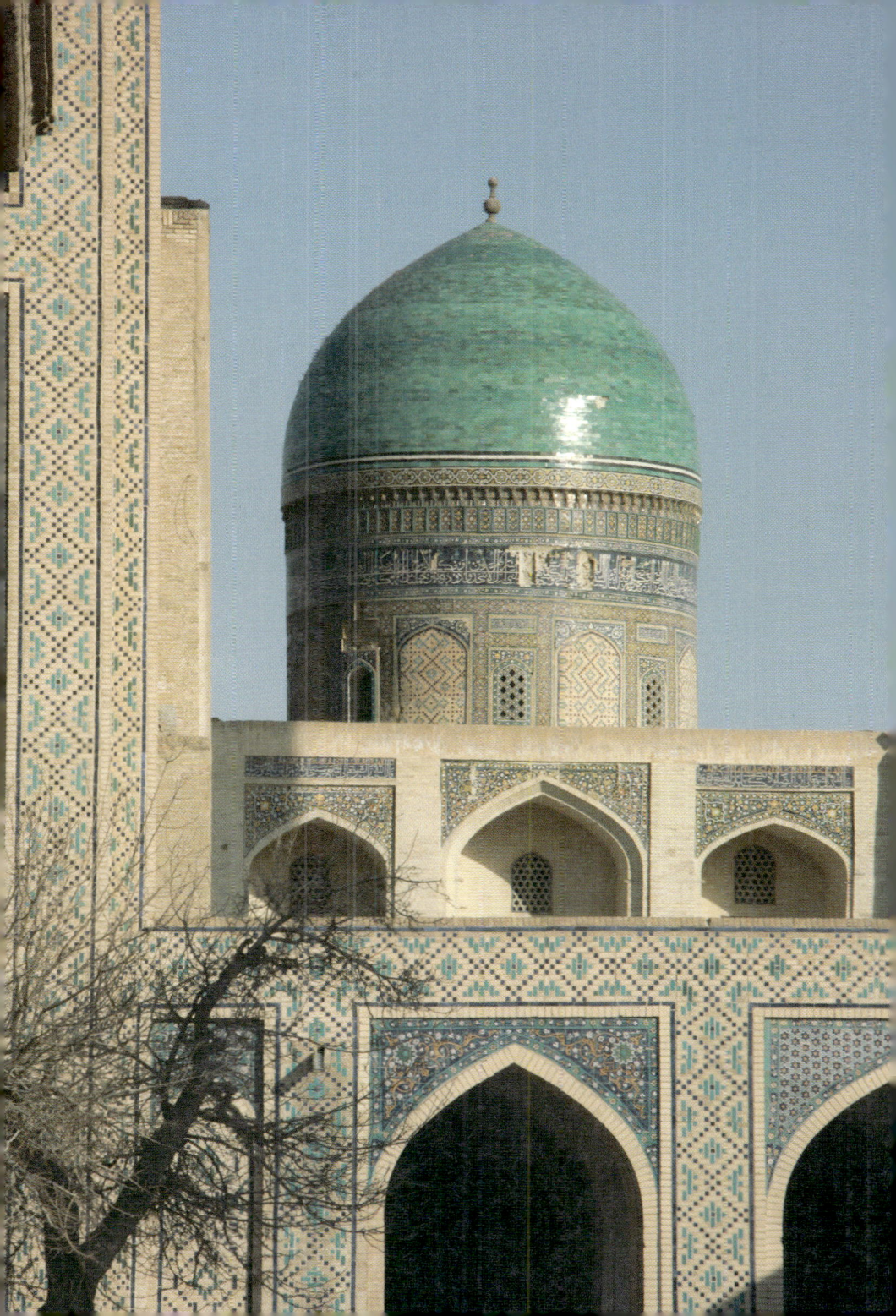

2018년에 찾은 아르크 고성

었는데요, 실크로드 상인들의 교역이 이루어졌던 곳입니다."

가이드는 '성채'라는 뜻의 '아르크' 그 자체가 부하라의 역사라고 설명했다.

"5세기부터 세워진 이 성은 1920년 제정 러시아의 침략을 받아 무너졌습니다. 부하라가 지리적으로 페르시아와 가깝고, 지정학적으로 실크로드의 중요한 교역지다 보니까 지속적인 외세의 침략을 받았습니다. 이 지역은 과거 수 세기에 걸쳐 여러 국가가 일어섰다 사라졌는데요, 1220년 칭기즈칸이 이 지역을 침략했을 때는 1190년 건국된 '호레즘 샤'라고 하는 국가가 이 지역을 통치하고 있었습니다. 수많은 전쟁으로 아르크성

2,500년 부하라의 역사를 담고 있는 아르크 고성 내의 박물관

은 파괴되고 재건되기를 반복했는데요. 지금의 성곽은 18세기 부하라칸 국 시대에 완성된 모습입니다."

4ha에 달하는 성곽 내부에는 볼거리들로 가득 차 있었다. 두 개의 문 중 서쪽 성문으로 들어가니 오르막길 양쪽으로 죄수들을 가두었던 수형 시설이 보였다. 당시 죄수들의 혹독한 감옥 생활을 재현한 밀랍 인형들이 설치되어 관심을 끌었다. 그리고 또 한 가지 볼거리는 박물관이었다. 규모는 작지만 내용이 알찼다. 5,000년 전의 암각화부터 수피즘 신도들이 사용하던 각종 용기 등 다양한 공예품과 당시의 생활상을 볼 수 있는 기록들이 시기별로 잘 전시되어 있었다.

우리 팀은 성내를 두루 살핀 후 성벽 꼭대기에 올랐으나 곧바로 세찬 바람이 몰려오자 견디지 못하고 가이드와 함께 우르르 내려갔다. 나는 그냥 내려가기엔 뭔가가 아쉬워 자꾸 주변을 두리번거렸다. 그러다 불현듯 문장 한 꼭지를 떠올렸다. 여행을 떠나오기 전 주우즈베키스탄 대한민국 대사관 홈페이지에서 봐뒀던 우즈베키스탄 여행 관련 글이었다.

"1920년 구소련 프룬제 장군에 의해 폭탄 투하로 폐허가 된 현재의 성 뒤편은 그 당시의 모습을 보전하기 위해 펜스가 설치되어 들어갈 수 없다. 하지만 관리인에게 말만 잘하면 들어갈 수 있다. 그곳에서 바라보는 구시가지의 전경은 한 편의 그림과 같다. 칼란 미나렛 꼭대기에서 보는 경치가 '제1'이라면 공사 중인 성의 뒤편에서 보는 경치가 '제2'쯤 될 것이다."

어디서 그런 용기가 생겼는지 모른다. 그때까지 우즈베키스탄 말은 '안녕하세요(앗쌀라무 알라이꿈)'와 '고맙습니다(라흐맛)'라는 말밖에 모르고 있던 내가 관리인 아저씨에게 다가갔다.

다행이었다. 아저씨는 신기하게도 나의 손짓과 발짓만 보고도 상황을 알아챘다. 그가 빙그레 웃으며 성벽 뒷문을 열어줬다. '아! 그래 이거다. 바로 이거야!' 허물어진 채 방치된 성벽 한쪽 끝에서 내려다본 부하라는 구도시 전체가 중세의 어느 한 시기 그대로였다. 멋스럽고 고풍스러웠다. '여길 못 보고 그냥 나갔으면 어쩔 뻔했어.' 관리인 아저씨에게 손을 흔들

▷ 아르크 고성 뒷성벽에서 바라본 칼란 모스크

볼로 하우즈 모스크

며 돌아내려 오는 길에 혼잣말로 중얼거렸다.

  부하라는 발 닿는 곳이 모두 유적지라더니 길마다 골목마다 크고 작은 유적들이 고스란히 남아 있었다. 아르크 고성을 출발한 일행은 볼로 하우즈 모스크와 불교, 조로아스타교, 이슬람의 흔적이 남아 있다는 '마고키 아토르 모스크'와 불교와 조로아스터교, 이슬람, 그리고 거기에 더해 기독교를 상징하는 문양까지 공존하고 있다는 '차르 미나르'를 찾았다. 두 곳의 유적지는 잘 모르고 갔으면 그냥 지나칠 뻔했을 정도로 작고 단조로웠다. 그러나 이 두 유적지를 통해 우리는 부하라가 갖는 문화적

나지르 지반베기 마드라사

포용성에 대해 다시 한 번 알게 되었다.

바람은 여전히 쌀쌀했고 몸은 자꾸 움츠러들었으나 부하라 역사와 이슬람 문화에 푹 빠진 우리 일행은 '이제 가면 여길 언제 또 와보겠나'라는 심정으로 계획된 일정을 강행했다.

1417년 완공되었다는 이슬람 사원 '울르그백 마드라사'를 지나 '라비하우즈' 앙상블로 향했다. 라비하우즈 주변엔 3개의 마드라사가 둘러싸고 있었다. '쿠켈다쉬 마드라사', '나지르 지반베기 마드라사', '나지르 지반베기 하나카 마드라사'가 그곳들로, 가장 인상적인 곳은 나지르 지반베기 마드라사였다.

"입구 위에 있는 모자이크 타일 그림을 한번 보시겠어요? 저 벽 양쪽에 신비로운 봉황 두 마리가 가운데 있는 태양을 향해 날아가고 있지요? 그 태양 안에 있는 게 뭐로 보이세요?"

가이드가 즉석 퀴즈를 냈다.

"사람 얼굴이요."

일행 중 한 사람이 큰 소리로 대답했다.

"네, 맞습니다. 사람 얼굴입니다. 본래 이슬람에서는 우상숭배를 철저하게 금합니다. 그래서 그림이나 벽화 어디에도 사람 또는 동물의 모습을 새길 수가 없어요. 그런데 이곳은 사람 얼굴을 그려 넣은 그림이 남아 있습니다. 당시로서는 상당히 예외적인 장면인데요, 당시 집권자들이 자신들의 힘을 과시하기 위해 건축했다고 합니다."

가이드가 퀴즈를 맞힌 일행을 '엄지 척'으로 치켜세우며 자세한 설명을 이어나가자, 그의 말이 끝나기를 기다렸던 정답의 주인공이 또 다른 한마디를 보태며 부하라 여정의 흐름을 부드럽게 했다.

"아, 이해됐습니다. 그동안 본 대부분의 이슬람 건축물 벽면이 모두 아라베스크 문양이거나 기하학적인 무늬였던 이유가 바로 그거였군요. 우상숭배 금지!"

나지르 지반베기 마드라사 앞에는 '수피'들이 명상을 위해 사용하던 숙소 '하나카'가 있었고, 그 옆에는 당나귀를 타고 있는 '호자 나스렛딘'의 동상이 있었다. 지혜로운 바보로 알려진 호자 나스렛딘은 13세기 셀

주크 투르크 시대 사람으로 이슬람의 현자로 유명했던 인물이다.

그들을 만난 건 식당 앞에서였다. '쁠롭' 요리가 맛있기로 소문난 집이라는 부하라 전통 식당에서 식사를 마치고 밖으로 나오자마자 우즈베키스탄 소수 민족 옷을 입은 젊은 여자 열댓 명이 으르르 다가왔다. 모두 상냥하게 웃는 얼굴이었다. 골격이 가늘고 왜소했으며 옷은 남루했지만, 웃음이 정말 밝았다.

그들이 같이 사진을 찍자며 여행객들 틈새로 파고들었다. 순식간에 벌어진 일이었다. 남자들은 잠시 당황하면서도 싫은 눈치가 아니었다. 낯선 나라에 갔는데, 이국적인 여성이 웃으며 다가와 같이 사진 좀 찍자는데 거절할 남자가 어디 있겠는가. 분위기는 금세 야외 영화촬영장처럼 뜨거워졌다. 여기서 찰칵, 저기서 찰칵.

다 같이 웃고 떠들기를 10여 분. 갑작스럽게 분위기를 깬 건 가이드였다. 식당 계산을 하고 뒤늦게 나온 가이드는 얼굴까지 벌게지면서 소리를 질렀다.

"선생님들, 저 여자들과 같이 사진 찍지 마세요. 저 여자들에게 절대 돈 주지 마세요."

그때까지도 나는 상황 판단이 되지 않았다. 여행단은 머쓱한 표정을 지으며 머뭇거렸고, 나 또한 들었던 카메라를 내려놓고 상황을 살폈다. 그런데 진짜 문제는 거기서부터였다. 그들이 갑자기 돌변해 함께 사진을 찍었으니 돈을 내야 한다고 우기기 시작했다. 돈을 요구하는 행동이 집요하고 거칠었다. 사람들의 팔을 잡아끌거나 옷소매를 잡고 늘어졌다.

가이드가 호루라기를 불었으나 우즈베키스탄 여자들은 쉽게 물러서지 않았다. 한국 관광객들은 뒤늦게 당황했고 분노했다. 호루라기 소리를 듣고 나타난 경찰이 오고서야 그들은 밀물처럼 조용히 사라졌다. 한 순간이었지만 기분 나쁜 경험이었다. 관광버스가 출발하고 나서도 관광단의 흥분은 가라앉질 않았다.

"많이 놀라셨죠? 제가 미리 말씀드렸어야 했는데, 그만 때를 놓쳤습니다. 죄송합니다. 워낙 신출귀몰하게 몰려다녀서 사실 예측하기가 어렵습니다."

가이드가 사과했다.

"저 사람들은 누굽니까?"

"한국에선 저런 사람들을 '집시'라고 하지요? 우즈베크에서는 '룰라'라고 부릅니다. 룰라는 본래 인도사람들인데요, 티무르 시대부터 19세기까지 인도에서 우즈베키스탄으로 건너와 살고 있습니다. 현재 우즈베키스탄에는 130여 민족이 살고 있습니다. 저들도 그중의 한 소수 민족입니다. 저들은 집단으로 몰려 사는데요, 대부분 교육을 제대로 받지 못해 전문직 일을 못 합니다. 그러다 보니 남자들은 막노동하고요, 여자들은 구걸해서 먹고삽니다. 우즈베키스탄 사람들도 저들을 좋아하진 않지만, 이슬람 국가인 우즈베키스탄에서는 그들을 불쌍하게 여겨 내쫓거나 굶어 죽게 내버려 두진 않습니다. 상황이 이렇습니다."

◁ 실크로드 동서 교역지 부하라에서 인기가 높았던 실크와 도자기

앞뒤 정황을 듣고 나자 어느새 측은지심이 생겼는지 사람들은 더 이상의 비난을 멈췄다.

"우리도 전쟁 통엔 미군 병사들 쫓아다니면서 기브미 초코렛토 기브미 초코렛토 했다잖여."

비교적 높은 연령층이 많았던 버스 안은 다음 목적지에 도착할 때까지 6·25 얘기에서 벗어나지 못했다.

다음 장소는 '칼란 미나렛'이었다. 칼란 미나렛은 50m 높이의 탑 꼭대기를 보려고 고개를 뒤로 젖히다 투구가 땅에 떨어졌고, 그 투구를 집기 위해 고개를 숙인 칭기즈칸이 "나를 고개 숙이게 한 탑이니 부수지 말라"는 명령을 내려 유일하게 살아남았다는 전설의 모스크다. 광장엔 칼란 미나렛을 가운데 두고 오른쪽엔 '칼란 모스크'가 왼쪽엔 '미르 아랍 마드라사'가 마주 보고 있었다. 칼란 미나렛 광장은 여러 나라에서 온 여행객들과 좌판을 펼쳐놓은 상인들로 북적거렸다.

"칼란 미나렛은 1127년 카라한조의 아르슬란 왕이 세웠습니다. 칼란은 페르시아어로 '크다'는 뜻인데요, 기단의 지름이 9m고 높이는 47m로, 중앙아시아에서는 가장 높은 첨탑입니다. 칼란 미나렛은 칭기즈칸의 무자비한 보복에도 살아남은 부하라 역사의 상징물입니다. 미나렛은 본래 모스크의 부속 건물로 하루 다섯 번의 예배 시간을 공지하는 탑이었는데요. 그 외에 크게 3가지의 쓰임이 더 있었습니다. 첫 번째는 사막

▷ 칼란 모스크 출입구

칼란 미나렛 광장

의 등대 역할이었습니다. 사막 길을 걸어오는 대상들에게 여기가 바로 오아시스 마을이라는 걸 알려주는 것이었지요. 두 번째는 군사용으로 쓰였습니다. 높이가 50m나 되기 때문에 꼭대기에 올라가서 보면 적군이 쳐들어오는지 살필 수 있었지요. 세 번째는 좀 가혹한데요. 죄를 지은 사람을 끌고 올라가서 자루를 씌워 아래로 떨어뜨려 죽이는 사형대 역할도 했다고 합니다. 그래서 '사死의 탑'으로 불리기도 했는데요, 최후의 사형은 1884년에 행해졌다고 합니다."

　숱한 외침과 도시 전체의 붕괴 속에서도 명맥을 유지해 왔다는 칼란 미나렛. 건축물에서 고집스러움과 단단함이 느껴졌다. 원통형의 탑신은 14층이었는데 벽면 전체가 갈색이었다. 층마다 다른 벽돌 문양이 장식의 전부였다. 벽돌은 흙에 달걀의 흰자와 낙타 젖을 섞어 반죽했다고 한다. 탑에 얽힌 역사와 전설을 듣자마자 관광단은 일제히 고개를 젖혀 탑 꼭대기를 바라봤다.

　가이드는 1541년 완공되었다는 칼란 미나렛 우측의 칼란 모스크에 대한 설명도 이어갔다. 길이 178m, 폭은 78m 규모의 이 모스크는 1만 2천 명의 신도들을 한꺼번에 수용할 수 있는 크기로 중앙아시아에서 두 번째로 큰 사원이라고 해서 놀랐다. 그리고, 더욱 놀란 것은 모스크 내부에 어린이 위령탑을 조성해놓았다는 점이었다. 몽골 침략 당시 700명이나 되는 무고한 어린이들이 희생됐다고 한다. 위령탑은 바로 그들의 영혼을 위로하기 위한 추모 시설이라고 해서 일행은 잠시 숙연했다.

　"칭기즈칸 군대가 아주 잔인했구먼. 애들이 뭔 죄가 있다고."

미르 아랍 마드라사

"그러게 말이에요."

일행이 몽골제국의 잔인함을 성토하는 모습을 묵묵히 바라보던 가이드는 손목시계를 슬쩍 들여다보며 다음 장소로 이동해야 한다면서 미나렛 좌측의 미르 아랍 마드라사에 대한 설명을 이어갔다.

1535년 타무르 시대에 완공되었다는 이 마드라사는 중앙아시아 최대의 이슬람 신학교라고 했다. 소비에트 시대에도 문을 닫지 않았을 만큼 이슬람 신학교로서의 상징성이 높았다는 이곳을 관광객들은 스마트폰으로 찍기에 바빴다. 식물과 문자, 문양 등을 청백색 모자이크 타일로 장식해놓은 아름다움이 인상에 남는 마드라사였다.

칼란 미라렛에서 내려다본 전경

칼란 모스크와 미르 아랍 마드라사 지붕 위로는 3개의 거대한 옥색 돔이 있었다. 웅장한 건축물들을 바라볼 때는 규모에 놀랐고, 모스크에 있는 288개의 회랑을 지날 때는 숭고함마저 느껴졌다. 건축물 안팎을 돌아다니며 부지런히 사진을 찍고 있을 때 가이드가 다가왔다.

"최 기자님, 칼란 모스크는 개별적으로 올라가는 걸 금지했는데요, 제가 관리인에게 부탁해 놨어요. 혼자라도 올라가 보실래요?"

두툼한 털 잠바 때문에 몸은 무거웠지만 거절할 내가 아니었다. 고개를 끄덕이고 안으로 들어갔다. 탑 안은 어두웠다. 105개의 나선형 계단은 위로 올라갈수록 내부가 좁아지는 형태였다. 나는 카메라를 목에 건 채 한 손엔 핸드폰 플래시를 들고, 다른 한 손으론 계단을 짚으며 엉금엉금 기는 자세로 올라갔다. 그만큼 쉽지 않은 계단이었다.

꼭대기에는 16개의 아치형 등화창이 빙 둘러 있어 사방을 내려다 볼 수 있었다. 사막의 지평선과 부하라의 모습이 한눈에 들어왔다. 주우즈베키스탄 대한민국 대사관이 왜 이곳을 '부하라의 제1'로 추천했는지 알 것 같았다. 엉덩이를 계단에 대고 미끄럼을 타듯 주르르 내려오자마자 가이드에게 물었다.

"이 정도의 탑이면 엄청난 높이인데요, 그 당시의 기술로 가능했다는 것이 믿기지 않네요."

"그 당시에는 건축술뿐만 아니라 기타 여러 기술적인 것들 대부분이 페르시아로부터 영향을 받은 것이라고 보면 됩니다."

나는 말없이 연신 고개만 끄덕거렸다.

다음 유적지는 '사만 영묘'였다. 이 영묘는 아르크 고성에서 500미터쯤 떨어진 곳에 자리하고 있었다. 멀리서 바라봤을 때의 첫인상은 그냥 흙벽돌로 지은 건축물에 불과했다. 흙벽돌로 지은 정육면체의 외관 위에 반구형 돔 지붕이 얹혀 있는 단순한 구조였다. 가까이 다가가기 전까진 그랬다.

"이 영묘는 이스마일 사마니 왕과 그의 가족들이 묻혀 있는 곳입니다. 사마니 왕은 사만조 페르시아의 건국자 사만 후다의 자손입니다. 사만 왕조는 9세기와 10세기 사이에 이슬람제국의 압바스왕조에서 독립해 부하라를 중심으로 100여 년간 세력을 유지했던 제국입니다. 그 세력은 오늘날의 이란, 사우디아라비아부터 우즈베키스탄, 카자흐스탄 그리고 타지키스탄 아프가니스탄에 해당하는 영토까지 뻗쳐 있었습니다."

가이드의 설명을 듣고 나니 느낌이 달라졌다. 너비 9m 벽면 두께 1.8m로 조성된 이 영묘는 892년부터 943년까지 40년가량에 걸쳐 완성됐다고 한다. 이슬람 이전의 건축양식으로 현존하는 건축물 중 중앙아시아에서 가장 오래된 시설이라고 해서 더욱 관심이 갔다.

내부를 자세히 살펴보니 멀리서 보았던 정육면체 외관과는 다른 구조라서 신기했다. 위로 올라갈수록 조금씩 좁아지는 특이한 구조물이었는데, 똑같은 모양과 똑같은 크기로 만들어진 네 개의 사방 벽면은 기하학적으로 분석해도 한 치의 오차가 없을 만큼 매우 정교하게 지어졌다고 한다. 갈색 벽돌로 여러 문양을 만들며 촘촘히 쌓아 올린 모습이 예사롭지 않았다.

"종교학자들에 의하면 이 벽면 장식에 조로아스터교 문양도 있고, 이슬람 문양도 있다고 합니다. 말하자면 이 작은 건축물 안에 여러 제국의 수천 년 역사와 흥망성쇠가 담겨 있다고 보면 되겠습니다. 13세기 몽골 침략 당시 도시가 완전히 파괴되면서 오랜 시간 땅속에 묻혀 있다가 1925년 구소련의 고고학자에 의해 발굴되어 세상에 알려지게 되었습니다."

가이드는 손가락으로 창문 쪽을 가리키며 4개의 문으로 들어오는 빛에 따라 내부의 색이 달라진다는 설명과 함께 18가지의 축성법이 반영된 특수한 건축물이라 발굴 당시부터 큰 주목을 받아왔다고 소개했다.

영묘 주변으로는 많은 사람이 탑돌이를 하듯 건축물을 돌았는데 무언가를 염원하는 모습이었다. 대부분 우즈베키스탄 사람들이었다. 가이드는 사만 영묘를 매우 성스럽게 생각하는 사람이 많아 종종 이곳을 찾아 자신의 소원을 빌고 간다면서, 건강하게 해달라, 돈 많이 벌게 해달라, 좋은 사람과 만나 결혼하게 해달라, 여러 소원들을 비는 풍습이 오래전부터 있었다고 소개했다.

영묘를 끝으로 부하라 일정을 모두 소화했다. 숙소로 돌아가는 길 나는 출국 전 자료를 통해 공부했던 부하라에 대한 정보 하나를 떠올렸다. 부하라는 8~9세기 무렵 중앙아시아뿐만 아니라 세계적으로도 과학기술이 가장 발달했던 도시라고 소개했던 한 인문학자의 글이 새삼 떠오

◁ 중앙아시아에서 가장 오래된 이슬람 건축물 사만 영묘

른 건 영묘 내부 구조가 매우 인상적이었다는 느낌 때문이었던 것 같다.

인문학자는 그 글에서 이슬람 종교는 여타 다른 종교들보다도 시간을 엄격하게 지키는 종교라고 소개했다. 하루에 다섯 차례 예배를 드리고, 매주 금요일 12시 정규 예배를 드리는 엄격한 의식 속에서 기도 시간과 예배 시간을 정확히 지키는 게 무엇보다 중요하다는 얘기였다. 또한 이슬람만의 종교의식인 '라마단'과 '하지(순례)' 역시 날짜를 지키고 시간을 지키는 것을 보면 매우 철저한 '시간의 종교'가 이슬람 종교라고 했다.

그러다 보니 일찍부터 천문학과 수학, 과학이 발달할 수밖에 없었고, 특히 의학자이자 철학자인 부하라 출신의 '이븐 시나(980~1036)'는 히바 출신의 '알 콰리즈미'만큼이나 세계 문명사에 끼친 업적이 지대했다. 그가 갈레노스의 개념과 아리스토텔레스의 철학을 바탕으로 집필한 《의학전범》(1020)은 출간과 동시에 큰 화제가 됐다. 특히 해부학과 관련된 내용이 당시 의학자들의 관심을 끌었다. 의학전범은 역사 이래 최고의 의학서란 평가를 받으며 아랍어로 쓰인 원문이 가장 단시간에 페르시아어로 번역됐다. 그리고 1180년경에는 라틴어로 번역돼 12세기부터 17세기까지 유럽의 대학들에서 교재로 사용됐고, 14세기 무렵에는 한문으로 번역돼 중국의 원나라 의사들까지 이 책을 참고했다는 기록이 있을 정도다.

이븐 시나는 평생 242권의 책을 남겼다고 한다. 그중 《치유의 서》는 일종의 철학 백과사전으로 심리학을 깊이 다루면서 영혼의 기능을 분류함으로써 훗날 중세 스콜라 철학의 바탕이 되었고, 의학과 철학, 신학, 기하학, 천문학 등 거의 모든 영역에 걸쳐 책을 통해 그가 설파했던 이론들은 지구촌 근대 인문학의 토양이 되었다는 평가를 받고 있다.

"오늘 본 것들 중에서 '타키'라는 데가 가장 볼 만했구먼."

"나도 그랬다네. 그게 여러 난리통을 치르면서도 아직도 그대로 남아 있다는 게 신기했다네."

저녁 식사를 하면서 삼삼오오 모인 일행이 하루 일정을 복기했다. 일부는 칼란 미나렛을 얘기했고, 다른 식탁에서는 사만 영묘가 화제에 올랐다. 그중 많은 사람이 과거 실크로드 상인들이 물건을 사고팔던 '타키'란 이름의 물물교역소에 관심을 보였다.

"낙타가 안에까지 들어갈 수 있도록 지붕을 높이 만들어놓은 것 하나만 봐도 이쪽 사람들 머리가 아주 좋았던 것 같아."

"맞는 얘기예요. 우리는 날씨가 여기만큼 덥지 않으니까 지붕도 만들 필요 없이 그냥 장마당을 세우면 됐지만 여긴 그럴 수 없으니까 지붕을 올렸는데, 낙타가 오갈 수 있도록 높게 지은 건 그렇다 치더라도 통풍이 잘되게 반구형 모양으로 지붕을 올린 걸 보면서 부하라 사람들이 머리가 참 좋구나, 나도 그렇게 생각했지요."

분당에서 왔다는 부부가 한마디씩 '타키 예찬론'을 펼치자 그 곁을 지나던 가이드가 흡족한 미소를 지었다. 자신의 일과가 헛되지 않았다는 자긍심 어린 표정이었다.

타키는 물물교역소로서의 역할뿐만 아니라 정보교환 터이기도 했다. 하긴 우리도 그랬다. 오일장은 지금의 인터넷 포털과도 같은 곳이었으니 말이다. 타키 내 '자르가른(금시장)'에서 만난 사람들은 자식들의 혼사 얘

부하라 전통 공예품을 만드는 남성

기가 화제였고, '압둘라훈(카펫시장)'에 모인 사람들은 새로 지은 집의 집들이가 화제였을 터다.

그 밖에도 타키에서는 동서양 각지에서 모인 여러 특산품이 거래됐고, 칼과 가위며 도자기 같은 생활용품들도 대상의 낙타에 실려 이곳으로 몰려들었을 것이다. 그리고 그것들은 천산산맥 너머 비단옷을 입은 상인들, 흰 터번을 쓴 페르시아 상인들과 아랍 상인들의 손에 들려 지구촌 곳곳으로 흩어졌을 것이다.

이렇듯 실크로드를 타고 많은 인종이 몰리다 보니 부하라에는 현대판 호텔과 사우나, 다양한 음식점들과 온갖 편의시설이 들어서며 거대한

실크로드가 융성했던 당시 물물교역소였던 타키

국제도시로 성장했다. 그리고 그 흔적들이 아직도 남아 이번 여행단의 눈과 마음을 즐겁게 했다.

 이날 여행단은 고대와 중세를 거쳐 21세기까지에 이르는 길을 여섯 시간에 해치웠다. 사뭇 아쉬웠다. 반드시 다시 올 길이었다. 이런 여정이라면 일주일쯤 머물며 차분하게 바라보고 이해해야 맞다. 그런 아쉬움을 뒤로 하고 관광단은 이제 부하라에서 1박을 한 뒤 2월 1일 아침 일찍 사마르칸트로 떠날 예정이었다.

사마르칸트—실크로드의 심장

티무르제국의 수도였던 우즈베키스탄 제2의 도시

    기자라는 직업은 고달프다. '원고 마감'이란 심리적 압박감 때문이다. 오죽하면 '원고原稿' 앞에서는 영원한 '피고'라는 기자 세계만의 어록(?)까지 있겠는가. 그래서 그만둘까를 고민했던 날도 많았다.

    하지만 다양한 사람과 만나 세상 바라보는 시야를 넓힐 수 있다는 장점도 있다. 특히 언젠가는 가만히 들어앉아 소설을 써야겠다고 마음먹은 입장에서 '기자'라는 직업으로 만나는 여러 부류의 사람들은 항상 '글감저축은행'이었다. 그런 즐거움도 있었기에 하루에도 몇 차례씩 냉탕과 온탕을 오가며 인내심을 키우는 중이다.

    이번 경우도 그랬다. 출국 한 달 전쯤 '차흥봉' 전 보건복지부 장관을 우연히 만났다. 차 전 장관은 김대중 정부 시절 보건부 수장을 맡아 지금의 의료보험 제도와 국민연금 제도를 완성 시킨 사회복지학계 원로다.

'대박!'

그와 만나고 돌아오는 길, 나는 단 두 음절로 쾌재를 불렀다. 우즈베키스탄을 방문했던 1호 한국인과의 조우였기 때문이다. 그것도 40년 전의 일이었다. 1979년 10월 방문이었다니, 그렇다면 구소련 시절이다.

"1979년이면 냉전 체제가 극에 달했을 땐데, 어떻게 사회주의 심장부를…?"

너무 놀란 나머지 나는 말끝조차 흐렸다.

"맞아요. 소련 시절이었지요. 1990년 소비에트연방이 해체되면서 중앙아시아 국가들이 대부분 1991년에 독립을 했는데, 말하자면 독립되기 12년 전이니까 그때는 우즈베크 소비에트 사회주의 공화국으로 불리던 때였지요. 내가 그때 보건사회부 사회과장으로 있었는데, 거기서 ISSA, 국제사회보장협회 학술회의가 있었어요. 그 회의 참석차 갔던 건데, 일본에 있는 소련대사관에서 비자를 받았지요. 직항이 없던 시절이라 일본 도쿄로 가서 모스크바행 비행기를 탔지요. 그리고 모스크바에 도착해 거기서 또 비행기를 갈아타고 타슈켄트에 도착했는데, 서울에서 타슈켄트까지 꼬박 하루가 걸렸던 기억이에요."

차 전 장관은 신문들이 앞다퉈 보도했을 만든 자신의 소련 방문이 당시 큰 화제였다고 했다. 그래서 사무실로 돌아오자마자 신문 자료를 검색해봤더니 실제로 1979년 9월 21일 자 《조선일보》에 관련 기사가 있었다. '소련에서 열리는 국제회의에 한국대표 파견'이란 제하의 기사였다.

사마르칸트의 상징, 레기스탄 광장 야경

며칠 뒤 차 전 장관을 다시 만났다. 약속했던 대로 그는 당시 방문 때 찍었던 사진들을 여러 장 갖고 나왔다. 지금으로선 볼 수 없게 된 사진들도 여러 장 있었다. 특히 타슈켄트 레닌 동상 앞에서 찍은 기념사진은 어디에서도 볼 수 없는 귀한 자료였다.

"40년 전의 일입니다만, 어떤 게 가장 기억에 남아 있으세요?"

의례적인 질문이었는데, 진지한 답변이 돌아왔다.

"당시 타슈켄트에서 회의를 마치고 관광도 했는데, 고려인들을 만났던 게 가장 기억에 남아요. 그리고 사마르칸트를 갔는데, 여기 이 사진이 그 사진입니다…."

그가 내민 사진들은 이제 한 달 뒤쯤 내가 직접 가서 보게 될 사마르칸트의 랜드마크인 레기스탄 광장에서 촬영한 흑백 기념사진이었다. 압권은 40여 명이 함께 찍은 단체 사진이었다. 각국에서 온 대표들이 단체로 찍은 사진인데, 거기 한가운데에 30대 후반이던 차 전 장관의 젊은 시절 모습이 있었다. 키도 큰데다가 인물도 돋보여서 눈에 금방 띄었다. 한국에서는 볼 수 없는 귀한 사진이었다. 한국 대표단만의 사진도 있었다. 모두 당당한 모습이었다. 그 자체만으로 그동안 자료들로만 봤던 사물적 사마르칸트와 레기스탄 광장이 생물로 전환되며 친근하게 다가왔다.

"사마르칸트가 아주 인상적이었어요. 국제적인 관광지라 외국인들도 많았고요, 당시 회의에 참석했던 다른 나라 사람 중에는 벌써 여러 차례 사마르칸트를 다녀간 경우도 많더라고요. 말로만 듣던 실크로드 중심부에 와 있다고 생각하니 참 감개무량했습니다. 최 기자님도 이번에 가보

蘇서 열리는 國際會議에 韓國代表 4명 派遣

정부는 오는 24일부터 소련 우즈벡 공화국 수도 타슈켄트市에서 열리는 제네 사회보장협회(ISSA) 아시아-대양주지역 제4회 대표를 보내기로 했다.

20일 보사부에 따르면 ISSA가 주관하는 5월 본부를 둔 ISSA가 주최하는 지금 5월 본부를 둔 ISSA가 의료보험협회의와 사회보장 위원회의에 타슈켄트회의의 초청장을 보내옴에 따라 정부는 李斗鎬 보사부 사회국장 申興 奉사회과장, 黃信源한국의료보험협회 상무이사를 대표로 선정, 주일소련대사관에 비자를 신청, 19일 발급받았다.

우리나라 정부 대표가 소련에 입국하기는 77년 6월 電氣기술분야 총회에 崔鍾 洗 당시 공업진흥청장(현 파 키스탄대사)참석한것과 작년 9월 世界保건기구(WHO)의 기초보건에 관한 국제회의에 申鉉碻 당시 보사부장관이 참석한데 이어 세번째이다.

△△ 1979년, 레기스탄 광장에 선 차흥봉 당시 보건사회부 사회과장 (가운데)

△ 1979년, 국제사회보장협회 학술 회의에 참석한 차흥봉 당시 사회과 장(왼쪽에서 두 번째)

◁ 1979년 9월 21일 자 관련 기사

시면 우선 그런 느낌부터 들 거예요. 가장 번성했을 당시의 사마르칸트는 중국의 장안, 튀르키예의 콘스탄티노플과 함께 3대 국제도시로 불렸던 곳이니까요."

차 전 장관은 그 밖에 많은 정보를 알려줬다. 티무르제국에 관한 이야기는 물론 소그드인들의 탁월했던 장삿술과 천문학에 조예가 깊었던 티무르제국의 4대 술탄 '울르그벡(1447~1449)' 이야기와 1879년 착공해 1888년 완공됐던 중앙아시아 최초의 철도 노선인 카스피해 횡단 철도의 종착지가 사마르칸트였을 만큼 제정 러시아 시절의 전략적 요충지가 바로 그곳이었다는 설명까지 실로 다양한 정보를 알려줘 많은 도움이 됐다.

무슨 까닭인지 철도 이야기만 나오면 가슴이 뛴다. 어릴 적 장항선 완행열차가 지나는 길목에서 나고 자란 덕에 철길과 기차에 관한 수많은 추억이 있기 때문인 것 같다. 초등학교 3학년 첫 서울 여행 때도 기차로 서울역까지 갔고, 스무 살 대학 진학 대신 공장을 선택해 고향을 떠날 때도 기차를 타고 영등포역까지 갔다.

중앙아시아의 첫 철도노선이라? 차 전 장관 덕분에 공부할 게 많아졌다. 카스피해 횡단 철도의 내력이 궁금했다. 저녁 식사라도 대접하고 싶었지만, 궁금증이 앞서 일찍 귀가했다. 그리곤 관련 자료들을 검색하니 1891년 착공돼 1916년 전 구간을 개통한 시베리아 횡단 철도보다도 훨씬 앞서 개통됐던 역사 깊은 철도였다.

첫 개통 당시의 노선은 카스피해 연안의 '크라스노보츠크'부터 사마르칸트까지였다. 크라스노보츠크는 투르크메니스탄의 항구도시로, 지금의 투르크멘바시다. 이 철도는 지금도 이용되고 있다. 말하자면 투르크메니스탄의 투르크멘바시에서 출발해 사마르칸트와 타슈켄트로 이어지는 그 철도가 '카스피해 횡단 철도'란 이름으로 130년 전 개통돼 지금까지 운영되는 것이다.

중앙아시아를 놓고 대영제국과 그레이트 게임을 펼치던 당시의 제정 러시아는 중앙아시아의 철도 인프라 확충에 심혈을 기울였다. 카스피해 횡단 열차는 그 과정에서 기획되었는데, 사마르칸트에서 출발한 열차가 지금의 우즈베키스탄 국경을 넘고 투르크메니스탄을 거쳐 카스피해 항구에 도착하면 그곳에서 페리로 카스피해를 건너 아제르바이잔의 바쿠까지 이동할 수 있었다. 이 국제철도는 대영제국에 맞섰던 제정 러시아의 강력한 의지를 보여줬다.

그 뒤 철도는 1896년 타슈켄트까지 연장됐고, 다시 그로부터 10년 뒤인 1906년 시베리아 횡단 철도가 타슈켄트까지 지선으로 이어짐으로써 이 중앙아시아의 첫 철도노선은 옛 스텝지대와 사막 오아시스를 연결하는 거대 동맥으로 기능하게 되었다.

'차 장관님. 오늘 아침 사마르칸트로 떠납니다. 도착하면 40년 전 장관님께서 촬영했던 포즈 그대로 레기스탄 광장에서 사진을 찍어 보내드리겠습니다. ^^'

아침 7시 부하라호텔을 나서며 차 전 장관에게 카톡을 보냈다. 출국 전날 전화 통화했을 때 더 늙기 전에 다시 한 번 꼭 가보고 싶은 곳이라며 아쉬워하던 목소리가 아직 귀에 생생했다. 단체 여행이라 그런 여유가 있을지 모르지만 레기스탄 현장에서 차 전 장관과 영상 통화를 해야겠다 마음먹으며 버스에 오르는 여행 3일 차의 아침 기분이 산뜻했다.

부하라를 출발한 관광버스는 시내를 빠져나간 지 얼마 안 돼 다시 험난한 길로 들어섰다. 부하라에서 사마르칸트까지는 270km, 5시간의 여정이었다. 움푹움푹 패인 아스팔트는 이따금 심하게 덜컹거렸다. 창밖으론 북서쪽 시베리아에서 삭풍이 거세게 불어 먼지가 일었고, 바싹 마른 삭사울 나뭇가지들도 바람에 휩쓸려 정처 없이 굴러다녔다.

버스로 5시간은 짧은 시간이 아니었다. 흔들거리는 버스 안에서 누군가는 깊은 잠을, 누군가는 대화로 긴 시간을 견뎌냈다.

"우리 고등학교 다닐 때 세계사책에 사마르칸트가 나왔단 말이지?"

"그렇다니까. 교과서에 '실크로드', '사마르칸트', '티무르제국', 이런 말이 나왔다니까."

"그런데 왜 난 전혀 기억에 없지?"

"세계사를 너무 어렵게 가르쳤기 때문일 걸세. 시험 때문에 무조건 외우게만 했던 선생님들 잘못이 컸다고 봐."

"그러게 말이야. 지금 와서 생각해보면 아쉬운 게 많아. 우리가 알렉산더의 동방 원정은 알았어도 중앙아시아에 대제국을 건설한 아미르 티무르에 대해서는 몰라도 너무 몰랐잖아?"

"맞는 말일세. 아미르 티무르도 그렇고, 실크로드 얘기도 그렇고, 다녀온 사람들이 하나같이 사마르칸트, 사마르칸트 그러더라고. 사마르칸트는 역사도 대단하고 볼 것도 엄청 많다야."

비단길을 통해 중국 저지술을 유럽에 전한 사마르칸트의 옛 종이

"실크로드의 심장이라고 했다니까 그만큼 대단한 도시였다는 거겠지. 이제 곧 그 역사적인 현장을 직접 보게 되는구먼. 기대 만땅일세."

그랬다. 실크로드의 심장이었다. 옛 문헌들은 사마르칸트를 일컬어 '실크로드의 심장', '중앙아시아의 로마', '동방의 낙원'이라 기록했다. BC 4세기 사마르칸트를 정복했던 알렉산더 대왕은 "내가 그동안 마라칸다(사마르칸트 옛 지명)에 대해 들어왔던 것들은 모두 사실이다. 내가 상상했던 것보다 더 아름답다"며 찬탄했다는 이야기도 전해진다. 7세기 때 불경을 구하러 인도로 가던 당나라 현장법사도 사마르칸트를 경유하며 '강국康國(사마르칸트)은 토지가 비옥해 농사가 잘되고, 수림이 울창하며 과일도 풍성하다'면서 '좋은 말이 많이 나며 베 짜는 기술이 특히 빼어나 모든 호국胡國이 이곳을 중심으로 삼고 있다'고 《대당서역기》에 쓴 바 있다. 중세 모로코의 위대한 탐험가이자 순례자인 '이븐 바투타'도 14세기 초 차가타이 칸국 시대에 사마르칸트를 방문한 후 '사마르칸트는 매우 크고 훌륭한 도시이며 아름다움은 그중 제일'이라고 한 기록도 남아 있다.

"저는 사마르칸트에 있다는 '고구려 사신도'가 제일 궁금해요."

한쪽에서는 또 다른 소재의 대화가 무르익고 있었다. 중년의 여행객 한 사람이 차창 쪽 옆 사람에게 먼저 말을 건넸다. 두 사람은 이번 여행

아프라시압 박물관 정원에 세워져 있는
한-우즈벡 실크로드 우호협력 기념비

길에서 처음 만나 한 방을 같이 쓰며 친해진 '우즈베키스탄 길동무'였다.

"지난번 이 나라 대통령이 우리나라에 왔을 때 문재인 대통령하고 국립중앙박물관 가서 한참을 얘기했던 '고구려 사신도', 그거 말씀하시는 거죠? 저도 뉴스에서 봤어요."

"네. 정말 신기하잖아요? 우리 한반도와 중앙아시아가 1,400년 전부터 교류했다는 얘기잖아요?"

"네. 그 사신도가 지금 우리나라 국립중앙박물관에도 걸려 있고, 사마르칸트 무슨 박물관에도 걸려 있다는데, 아무튼 두 나라 대통령이 그걸 보면서 우리나라와 우즈베키스탄의 왕래 역사가 1,400년이나 되었다는 걸 입증하는 벽화라며 활짝 웃었다던 뉴스가 기억나요."

"그런데 말이죠, 과연 그게 가능했을까요? 거리도 어머어마하게 먼 데다 생활권도 완전히 다른 지역이었는데 교역을 했다니요?"

"고구려라면 가능했을 거 같아요. 당시 돌궐족과 함께 초원을 누볐던 고구려 사람들의 기상이라면 여기까지 왔을 수도 있을 것 같아요."

"암튼 '조우관鳥羽冠'을 쓰고 '환두대도環頭大刀'까지 찬 고구려 사신들이 그려져 있다는 그 벽화를 빨리 보고 싶네요."

갈수록 대화 내용이 깊어졌다. 이쯤이면 가이드 수준급 발언들이다. 우즈베키스탄 여행 4일째를 맞다 보니 이제는 모두가 전문가가 됐다. 하루 여정을 마친 뒤 삼삼오오 짝을 지어 그날 여행지를 복기한 덕분인 것 같다. 혹은 히바보다는 훨씬 빵빵했던 부하라호텔의 와이파이가 역할을 했던 것도 같다. 스마트폰으로 불러낸 한국 포털을 통해 여러 정보를 미리 챙겨 본 예습 효과가 길동무와의 대화를 통해 확대 재생산되는 분위기였으니 말이다.

"사마르칸트는 사마르칸트주의 주도州都입니다. 기원전 700년경 이 지역 원주민이었던 소그드인들이 건설한 사마르칸트는 2,700년의 유구한 역사를 갖고 있습니다."

정오쯤에 버스가 사마르칸트 시내로 들어서자 가이드가 마이크를 잡았다.

"사마르칸트라는 지명은 소그드 사람들의 언어인 '사마르'에서 유래했다고 합니다. 사마르는 '사람들이 만나는 곳'이라는 뜻입니다. 사마르칸트를 정복했던 고대 그리스 사람들은 이곳을 마라칸다라고 불렀고요, 중국에서는 남북조 시대부터 이곳을 강국康國이라 불렀다고 합니다."

가이드의 설명에 일행이 고개를 끄덕였다. 차창 밖으로는 한낮 햇볕이 따스했다. 히바와 부하라가 한겨울이었다고 한다면 이곳은 봄날처럼 포근했다.

"사마르칸트는 제라프샨강의 계곡과 아프라시압 구릉에 걸쳐 있어 물이 풍부하고 기후도 좋습니다. 제라프샨강은 '황금을 뿌리는 강'이라는 뜻입니다. 사마르칸트는 실크로드의 가장 중요한 교차로였습니다. 사마르칸트가 실크로드의 심장으로 불리는 이유는 바로 십자로이기 때문입니다. 실크로드는 종교와 전쟁의 통로이기도 했습니다. 이민족 침략이 많았기 때문에 동서양의 문화가 섞여 있습니다. 여기서 새로운 문명이 만들어지기도 했습니다. 그러나 그 때문에 엄청난 대가를 치러야 했습니다. 제국 세력들은 사마르칸트를 정복하면 세계를 정복하는 것이라고 믿었습니다. 그래서 사마르칸트는 역사적인 부침을 아주 심하게 겪어야 했습니다."

가이드가 설명한 내용을 요약하면 사마르칸트의 2,700년 역사는 대략 다음과 같이 정리된다.

- BC 7세기 : 소그드인들에 의해 도시 형성
- BC 6세기 : 페르시아 침공, 페르시아 아카메니드왕조의 지배를 받음.
- BC 4세기 : 마케도니아의 알렉산더 대왕 침공, 당시 지명 마라칸다.
- BC 3세기 : 그리스-박트리아 왕국의 일부 (BC 256~125)
- AD 2세기 : 쿠샨왕조의 일부 (105~250)
- AD 6세기 : 돌궐제국의 일부
- AD 8세기 : 이슬람제국의 일부 (712, 사마르칸트 함락)
- AD 9세기 : 사만왕조의 중심 (819~999)
- AD 11세기 : 호레즘왕조 (1077~1231)의 수도 (1212~1220)
- AD 13세기 : 칭기즈칸 침략 (1220), 차카타이 칸국 건국 (1225)
- AD 14세기 : 티무르제국의 수도 (1370~1507)
- AD 16세기 : 부하라 칸국의 지배 (1599~1756)
- AD 19세기 : 제정 러시아 침공 (1868)
- AD 20세기 : 우즈베크 소비에트 사회주의 공화국의 수도 (1925~1930)

사마르칸트에 세워진 아미르 티무르 동상

    출국 전 한 달 동안 '지즉위진간知則爲眞看' 삼매경에 빠졌던 덕에 가이드의 설명이 난해하진 않았다. 다만 BC 7세기부터 20세기 근대에 이르기까지 책자 읽듯 연대기적으로 설명하기보다는 중심축을 설정해놓고 그 이전과 이후를 구분해 이해를 도우면 좋을 뻔했다고 생각했다.

    내게 마이크를 내줬다면 나는 2,700년 역사를 뚝 잘라서 티무르제국 시기부터 설명했을 것 같다. 그 이유는 가이드도 설명했듯, 1220년 칭기즈칸의 침략으로 사마르칸트의 옛 흔적들이 모두 파괴됐기 때문이다. 사실 우리 여행단이 오늘 돌아보게 될 유적지들도 모두 티무르제국 이후의 것들이었다. 몽골 기마병단의 파괴 본능으로 사마르칸트에는 이찬칼라 같은 고성이나 갈란 미나렛 같은 유서 깊은 유적지가 거의 없다.

학창 시절 세계사 교과서에도 실렸던 티무르제국의 역사는 아미르 티무르라는 걸출한 정복자로부터 창조됐다. 1336년 사마르칸트 인근의 '케슈(지금의 샤흐리샵스)'에서 태어난 티무르는 몽골의 바를라스 부족 출신이다. 이 부족은 칭기즈칸을 배출했던 보르지긴 씨족에서 갈라져 나왔다. 말하자면 티무르 가문은 칭기즈칸 가문의 방계 혈통인 셈이다. 그런 이유로 티무르를 칭기즈칸의 후손으로 바라보려는 사람들도 있다. 하지만 이는 억지고 무리다.

굳이 이들 가문의 인연을 언급한다면 칭기즈칸의 아들 차가타이가 지금의 우즈베키스탄 지역에 해당하는 트란스옥시아나 정복 전쟁에 뛰어들었을 때 티무르의 고조할아버지인 카라차르가 그 전쟁에 장군(노얀)으로 참여했다는 정도다. 정복 전쟁에서 승리한 차가타이는 정복지에 차가타이 칸국(1225~1346)을 세우고 카라차르에게 작위와 영토를 내줬다. 그로부터 티무르의 조상은 사마르칸트에 정착하게 됐다. 그곳에서 카라차르–이린기르–부르기르 순으로 3대가 이어졌고, 마침내 부르기르의 아들인 타라가이가 티무르를 낳으면서 칭기즈칸에 버금가는 또 다른 영웅 시대의 서막을 열게 됐다.

어릴 때 어머니를 일찍 잃은 티무르는 무슬림인 아버지의 영향으로 이슬람 교육을 받으며 성장했다. 그리고 당시 케슈 일대를 지배했던 삼촌 호자 바를라스의 권유로 일찍부터 전사의 길을 걷게 됐다. 그가 성장하던 시기 차카타이 칸국은 동서로 갈리는 최대 혼란기를 맞았다. 그 속에서 티무르는 야망을 키워갔다. 그러곤 탁월한 군사적 자질과 재능을 인정받으며 한 발짝씩 권력의 중심으로 다가갔다. 티무르는 정치적인 감각도 있었다. 능수능란한 권모술수와 임기응변으로 세력 간 줄타기를 통해 혼란기의 여러 파벌을 자기 편으로 만들었다. 때론 의형제를 모살하는 야만성도 드러냈다.

마침내 1369년 정상에 오른 그는 바를라스 부족 출신들로 강력한 군대를 조직해 30년가량에 걸친 정복 전쟁을 이어갔다. 그 결과 동쪽으로는 인도 델리의 갠지스강 유역까지, 서쪽으로는 소아시아와 이라크의 바그다드를 넘어 지중해 동안의 시리아에 이르기까지, 그리고 흑해 연안의 이스탄불까지, 또 북으로는 지금의 러시아 땅에 이르기까지 칭기즈칸에 이은 몽골 혈통의 제국 신화를 다시 썼다. 이로써 티무르는 알렉산더 대왕과 칭기즈칸에 이어 실크로드를 정복한 세 번째 인물로 기록됐다. 하지만 칭기즈칸의 적통과는 거리가 멀어 결국 '칸'이란 지위 대신 '아미르(지배자)'에 만족해야 했다. 그리고 칭기즈칸 후예 집안 딸과 결혼한 뒤 '구르칸(부마)'이라 자칭하며 몽골제국을 계승했다는 명분을 쌓기도 했다.

티무르는 스물네 살이던 1360년 이란 원정에서 오른쪽 손과 오른쪽 다리를 크게 다쳐 평생을 절름발이로 살았다. 서양 정복지에서 그를 '태멀레인'으로 칭하는 이유가 그 때문이다. 태멀레인의 본뜻은 정복자 티무르를 비하해 불렀던 '절름발이 티무르'다. 그럼에도 그는 일생을 말 위

▷ 우즈베키스탄에서 제일 유명한 사마르칸트 빵, 리뾰쉬카

에서 살았다. 1404년 70세의 나이로 몽골제국이 세웠던 원나라의 실지 회복을 위해 20만 대군을 이끌고 명나라 원정에 나섰다가 급작스러운 병을 얻어 1405년 사망하기까지 그의 생애 전반은 전쟁터를 관통했다.

"이곳이 바로 아미르 티무르를 모신 영묘입니다."

점심 식사를 마친 관광단은 본격적인 사마르칸트 투어에 나섰다. 가장 먼저 찾은 곳은 '구르에 아미르(아미르 무덤)'였다. 사실 시간이 많지 않았다. 고작 4시간 정도에 2,700년 역사의 유서 깊은 고도古都를 살핀다는 것은 애당초 불가능한 일이었다. 그런데 어쩌랴. 짜인 스케줄이 그런 것을. 단체로 움직이는 패키지 상품의 단점이 바로 그랬다.

"이 묘역에는 아미르 티무르를 비롯해 그의 아들과 손자, 스승 등이 잠들어 있습니다. 보시다시피 아홉 개의 묘석이 놓여 있는데요, 한가운데에 모신 흑녹색 연옥 묘석이 바로 아미르 티무르의 묘입니다. 그리고 티무르 묘석 양옆이 아들과 손자의 묘석이고요. 가장 위쪽에 모신 분은 티무르의 스승인 미르 사이드 바라카라입니다."

가이드는 스승까지 이 묘에 모실 정도로, 그것도 가장 위쪽으로 모셨을 정도로 티무르가 매우 인문적인 인물이었다고 강조했다. 관광단 대부분이 50대 이상이었다. 이들의 학창 시절에는 '군사부일체', 즉 임금과 스승과 아버지는 동격이라는 가르침이 통했다. 선생님들의 무한 존엄 시대를 기억하는 일행은 가이드의 설명에 고개를 끄덕이며 티무르의 스승 묘석에 눈길을 한 번 더 보내는 것으로 그에 대한 예를 갖췄다.

티무르에 대한 평가는 많이 엇갈린다. 우즈베키스탄에서는 제국의 역사를 창조한 위대한 인물로 여겨지지만, 서아시아와 인도 같은 정복지에서는 여전히 잔인한 학살자로 기록되고 있다. 유럽에서는 자신들을 침략한 오스만제국을 제압해 한때 영웅시했지만, 티무르 군대의 잔인성에 실망해 나중에는 등을 돌리게 되었다는 기록도 전해진다.

분명한 사실은 티무르가 아버지의 영향으로 이슬람교에 대한 신심이 깊었고, 당대의 지성들과 역사와 천문학, 과학을 소재로 토론하기를 좋아했던 인물이라는 점이다. 페르시아어와 투르크어를 유창하게 구사했고, 페르시아 문화권의 정주 유산과 투르크 유목 민족의 DNA를 융합할 줄 알았던 지도자란 점도 그를 평가하는 부분이라 할 수 있다.

"구르에 아미르는 1404년에 건립됐습니다. 코란 문구로 장식한 외관이 특징이고요. 멀리서도 눈에 띌 만큼 푸른색으로 높이 쌓아올린 둥근 돔이 이 건축물의 상징입니다. 그리고 보시다시피 금색과 청색으로 채색한 이슬람 문양의 내부 돔 역시 최대한 화려하게 꾸몄습니다."

가이드의 말이 조금씩 빨라졌다. 둘러볼 곳은 많은데 설명할 것도 많았기 때문이다. 특히 사마르칸트를 중심으로 제국의 신화를 썼던 티무르의 무덤이다 보니 '구르에 아미르'는 언제나 이 지역 유적지의 대표 주자로 기능했다. 그랬기에 가장 먼저 안내하는 곳도 이곳이었고, 설명할 내용이 가장 많은 곳도 이곳이었다.

"마지막으로 한 가지 팁을 드리자면요. 지금 보고 계신 관들은 모두 속이 비어 있다는 사실입니다. 시신을 담은 진짜 관들은 4m 지하에 따로 보관돼 있는데요. 신기한 건 바로 이 위치 그대로 배치되어 있다는 겁

티무르와 그의 자손들이 묻혀 있는 왕족 묘당

구르에 아미르 영묘 안에 있는
아디르 티무르 묘관(가운데 검은색)

니다. 아마도 전쟁 통에 유실되거나 도굴꾼들을 염려한 조치인 것 같습니다. 지하의 진짜 묘실이 밝혀진 건 1941년 6월 소련의 고고학자들에 의해서였다고 합니다. 매장한 지 500여 년이 된 시점이었는데요, 당시 정체불명의 유골이 발견돼 조사를 해봤더니 전쟁에서 다리를 다쳐 평생을 절름발이로 살았던 티무르의 실체로 확인됐다고 합니다."

다음 여정은 사마르칸트의 랜드마크라고 일컬어지는 레기스탄 광장이었다. 앞에서도 언급했듯, 차흥봉 전 보건복지부 장관이 40년 전 방문해서 기념사진을 찍었던 바로 그곳이다. 광장에 도착하자마자 차 전 장관이 촬영했던 당시의 포즈 그대로 사진을 찍어 카톡으로 전송했다. 영상 통화는 생략했다. 일행의 발걸음이 빨라져 그럴 여유가 없었다.

레기스탄 광장의 첫인상은 '푸르름' 자체였다. 하늘도 푸르고, 레기스탄 광장 건축물도 온통 푸르렀다. 운도 좋았다. 히바에서와 마찬가지로 기념 촬영을 나온 여러 쌍의 신랑 신부를 만났다.

가이드는 티무르가 하늘을 상징하는 푸른빛을 좋아했다고 설명했다. 그래서 티무르를 추종하는 사람들이 사마르칸트를 온통 푸른색으로 가꿨다는 얘기였다.

"레기스탄의 '레기'는 모래라는 뜻입니다. 말하자면 '모래로 된 땅'의 뜻을 가진 이곳 레기스탄 광장에서는 칭기즈칸 시절 알현식이나 사열식 같은 공공행사가 열렸다고 합니다. 그리고 공공 집회 장소로도 활용됐고,

▷ 레기스탄 광장에서 결혼 기념사진을 찍고 있는 신랑 신부

왼쪽부터 시계 방향으로 울르그벡 마드라사, 틸랴 카리 마드라사, 세르도르 마다라사

한때는 중죄인을 공개 처형하는 장소로도 이용됐습니다. 티무르 시대에는 대형 노천시장으로 기능했고, 티무르의 손자인 울르그벡 시대에는 마드라사가 세워져 이곳이 이슬람 교육의 중심지로 변화하기 시작했습니다."

가이드는 이 광장이 구소련 시절에도 유명했지만 1997년부터 세계적인 관광지로 급부상하기 시작했다고 설명했다. 그해부터 격년으로 개최되기 시작한 세계전통음악축제 '샤르크 타로날라리(동방의 선율)' 때문이란 얘기였다. 특히 레기스탄 광장의 아름다운 야경을 배경으로 열리는 행사가 유럽 관광객들을 사로잡았고, 이후 '우즈베키스탄은 몰라도 레기스탄 광장은 안다'는 얘기가 있을 정도로 중앙아시아 최대 국제관광지로 우뚝 서게 되었다는 배경 설명도 이어졌다.

"광장 왼편에 있는 것이 '울르그벡 마드라사'입니다. 그리고 마주 보는 저 건물이 '세르도르 마드라사'입니다. 광장 중앙에 있는 건물은 '틸랴 카리 마드라사'입니다. 울르그벡 마드라사는 15세기에 지어졌습니다. 그리고 나머지 둘은 17세기에 지어졌습니다. 이 세 개의 마드라사가 완성된 뒤부터 레기스탄 광장은 이슬람 교육의 상징적인 공간으로 명성을 얻었습니다. 그런데 구소련 시절에는 종교 탄압으로 기능이 상실됐고, 지금은 이렇게 관광지로만 명성을 얻는 중입니다."

사실 레기스탄 광장은 교과서의 중앙아시아 설명 편이나 해외 유명 관광지를 소재로 만든 엽서에도 자주 등장해 한국인들에게도 친숙하다. 차흥봉 전 장관의 40년 전 사진과 똑같은 모습이었다.

한국을 떠나오기 전 나는 이 관광지의 시원을 만든 '울르그벡'에 많은 관심이 갔다. 티무르의 손자로서 그가 통치하던 시대에 사마르칸트는 세계적인 문화 보고였다. 위대한 통치자이자, 수학자이자, 천문학에도 조예가 깊었던 그는 티무르제국의 세종대왕이었다.

천문대를 만들 만큼 별자리 연구에도 관심이 많았던 그는 1년을 365일 6시간 10분 8초로 계산하는 위대한 업적을 남겼다. 이는 오늘날 정밀 기기로 계산한 시간과 거의 비슷해 현대 천문학자들로부터도 존경의 찬사를 받고 있다.

"울르그벡은 이곳에 마드라사를 세운 뒤 경향 각지에서 100여 명의 우수한 학생을 뽑아 많은 공부를 시켰습니다. 이슬람 신학과 일반적인 학문을 연마하도록 배려하면서 자신이 직접 수학과 천문학을 강의하기도 했다고 합니다. 그 100여 명의 학생 중에는 여학생들도 있었습니다. 이따 울르그벡 천문대도 둘러보시게 될 텐데요, 아무튼 울르그벡은 천문학에 관심이 대단히 커서 이 마드라사를 지을 때도 정문의 '피쉬탁'에 푸른 별 장식을 해놓았고, 별 아래쪽에 오각형의 문양을 새겨놓았는데요, 그 문양들은 고도의 기하학적인 지식을 바탕으로 만든 것이라 합니다."

다음 코스는 '비비하눔 모스크'였다. 비비하눔은 아미르 티무르가 가장 사랑했던 여덟 왕비 중 한 명이다. 레기스탄 광장 지척에 세워진 이 모스크는 1399년에 착공돼 1404년 완공됐다. 가이드는 1398년 인도 원정에서 돌아온 티무르가 세상에서 가장 아름다운 모스크를 사마르칸트에 짓겠다는 구상 아래 비비하눔 모스크를 건축하기 시작했다고 설명했다.

당대 유라시아 최고의 건축 기술과
예술성이 집약된 비비하눔 모스크 전경

"티무르는 이 모스크를 건축하며 인도, 아랍, 페르시아 등 티무르제국 각지에서 500명 이상의 최고 건축가들을 불러 모았다고 합니다. 건축에 필요한 대리석은 정복지인 인도에서 운반해 왔다고 하는데요, 코끼리 100여 마리를 동원해 그 먼 곳에서 이곳까지 건축물을 실어 나르던 모습을 상상하며 모스크를 보신다면 또 다른 느낌이 있을 것 같습니다."

가이드의 설명을 듣고 보니 그 광경은 실로 장엄했다. 세계 곳곳의 정복지에서 최고 건축가들이 몰려들고, 코끼리 떼가 무리를 지어 대리석을 실어 나르고, 그 밖의 수많은 인력이 동원돼 지상 최고의 모스크를 건설하던 당시 모습은 말 그대로 드라마틱했다. 사랑하는 여인을 위한 '아미르'의 낭만적 열정까지 보태지니 스토리텔링 또한 완벽했다.

높이 35m의 에메랄드빛 돔과 18m의 아치형 정문, 그리고 50m 높이의 미나렛과 대리석 기둥 400개가 떠받쳐 아름다움의 극치를 자아내는 원형 천장 갤러리 등은 그렇게 완성됐다. 그리고 마침내 '비비하눔 모스크'라는 이름으로 당시 중앙아시아뿐만 아니라 이슬람 세계 전체에서도 가장 큰 규모를 자랑하는 건축물 하나가 제국의 수도 심장부에 들어섰다.

"이 모스크는 당대 유라시아 최고의 건축 기술과 예술성이 집약된 건축물이었습니다. 사실 이 모스크는 사마르칸트를 세계 최대 도시로 만들고자 했던 티무르의 집념이 압축돼 있다는 상징성을 지녔습니다. 칭기즈칸이 파괴한 사마르칸트를 파괴 이전의 도시보다 더 아름답고, 더 위

◁ 주름 접힌 독특한 양식으로 유명한 비비하눔 모스크 돔

대하게 복원하겠다는 티무르의 의지가 반영된 결과물입니다. 그러나 안타깝게도 제정 러시아 시절이던 1897년 일어난 대지진으로 상당 부분이 무너졌고 지금도 계속 복원 작업이 진행 중입니다."

아쉽다는 표정을 지으며 가이드가 비비하눔 모스크의 현재 상황을 설명했다. 어느덧 시간은 오후 4시를 지나고 있었다. 가이드는 연신 시계를 보며 기념 촬영으로 바쁜 일행에게 이따금 눈총을 줬다. 아직도 둘러봐야 할 곳들이 서너 군데 남은 까닭이었다.

다음 코스는 울르그벡 천문대였다. 사마르칸트 북쪽 아프라시압 언덕 위에 있었다. 버스에 내려 계단을 조금 오르자 거대한 울르그벡 동상이 나타났고, 그 앞으로는 낙타에 짐을 싣고 사마르칸트를 건너는 대상의 모습이 조각되어 있었다. 인증 사진을 찍고 계단을 걸어 꼭대기까지 올라가자 1419년 건립된 천문대 터와 박물관이 언덕 위에 자리 잡고 있었다. 원래는 높이가 40m에 이르는 거대한 천문대였다고 하는데, 현재는 기초만 남아 있었다.

울르그벡은 이 천문대를 건설하기 위해 바그다드와 다마스쿠스 등지의 천문대 설계 도면을 분석하고, 13세기 말에는 직접 페르시아 천문대를 방문했다고 한다. 또 당대의 유명한 천문학자들과 수학자들을 사마르칸트로 초청해 동반 연구를 진행했다고 한다. 그런 과정을 통해 태양과 달, 그리고 천체 관측에 사용한 사분의四分儀를 활용해 무려 1,018개에 이르는 별들의 움직임을 도표로 만들었다고 한다.

▷ 아프라시압 언덕 위에 있는 울르그벡 동상

△ 울르그벡 천문대 터
▷ 울르그벡 천문대 박물관과 내부 전시실

"울르그벡의 결말은 좋지 않았습니다. 권력을 탐한 아들이 아버지를 죽이는 끔찍한 일이 벌어졌습니다. 1449년 울르그벡이 죽자 천문대도 폐허가 되어버렸습니다. 그로부터 500년가량이 지난 뒤 1908년 구소련 고고학자의 발굴 작업으로 천문대의 구체적인 성과가 드러났습니다. 지하 유적지에서 발견한 사분의는 당시 지평선에서 태양을 정확하게 측정할 수 있었고, 별의 고도나 다른 행성들도 측정할 수 있었던 매우 높은 수준이었다고 합니다. 또 행성의 주기와 일식까지 측정할 수 있었다고 하는데, 그 수준이 얼마나 정교한지 오늘날의 측정 결과와 거의 일치했다고 합니다."

울르그벡 천문대 터에 이어 들른 곳은 '샤히진다 영묘'였다. '샤히진다'는 살아 있는 왕이란 뜻이라고 가이드가 설명했다. 아프라시압 언덕 남쪽에 있는 이 영묘는 이슬람 종교 지도자들과 순교자들, 그리고 티무르 왕족의 묘당으로, 사마르칸트 제일의 이슬람 성지다. 200m에 걸쳐 폭 40m 규모로 배치된 이 영묘는 11세기부터 시작해 티무르제국 시대(1435)에 완성됐다.

사마르칸트의 도시 이미지는 푸른빛이다. 이슬람 건축 양식의 상징인 둥근 돔이 푸른색으로 채색돼 환상적인 도시 이미지를 만든다. 샤히진다 역시 푸른 돔이 압권이다. 그래서 '사마라칸트의 진주'로 불리는 이 영묘는 '쿠삼 이븐 압바스'라는 성자의 이야기로부터 유래된다. 특히 그가 이슬람교의 창시자인 예언자 무함마드의 사촌이라는 점에서 유래의 가치가 더욱 확장된다.

"압바스는 무함마드의 얼굴을 직접 본 마지막 인물로 기록돼 있을 만큼 이슬람교 역사에서 비중 있게 묘사되는 사람입니다. 그가 676년 사마르칸트에 왔다고 합니다. 당시 사마르칸트는 소그드인들의 중심 무대였는데, 그들은 조로아스터교를 믿고 있었습니다. 압바스가 이곳에 온 이유는 소그드인들을 이슬람교로 개종하기 위해서였습니다."

가이드의 계속되는 설명에 따르면 사마르칸트에 온 압바스는 기도 중에 조로아스터교 신자의 습격을 받아 목이 잘렸다고 한다. 그런데 압바스가 잘린 자기 머리를 들고 동굴로 도망을 갔다가 부활했다는 이야기가 오랫동안 전해 내려오며, 동굴은 또 한 편의 새로운 신화를 만들었다고 한다. 그 뒤 역사상 최초의 페르시아계 이슬람왕조인 11세기 무렵의 사만왕조에 이르러 사람들은 그 동굴 입구에 영묘를 조성하고, 그를 기리기 시작했다. 그리고 계속해서 이슬람 종교 지도자들과 순교자들의 묘당을 새로 짓고, 뒷날 티무르제국에 이르러서는 울르그벡의 자식들을 비롯한 티무르 가족들의 묘당까지 이곳에 지어 오늘에 이르고 있다는 이야기다.

이날 사마르칸트 투어의 마지막 순서는 아프라시압 박물관이었다. 어느덧 저녁노을이 물들고 있었다. 관광객들은 해가 기우는 방향이 부하라 쪽이라는 사실을 잘 알고 있었다. 3박 4일의 여행을 통해 지리 감각을 익혔기 때문이다. 이제 동절기의 짧은 해는 부하라를 지나고 히바를 거쳐 카스피해 쪽으로 빠르게 기울 것이었다. 그리고 내일 가게 될 타슈켄트 쪽으로는 차츰 어둠이 밀려들며 별빛 향연이 펼쳐질 것이었다.

이슬람 종교 지도자들과
티무르 왕족의 묘당인 샤히진다

이쯤 되면 피곤할 법도 할 텐데 일행은 아프라시압 이야기가 나오면서부터 다시 한 번 신바람이 났다. 바로 얼마 전 미르지요예프 대통령의 한국 방문으로 화제가 됐던 '고구려 사신도' 벽화를 직접 보게 된다는 설렘 때문이었다.

"한국 관광객들이 가장 관심을 갖는 곳이 바로 이 아프라시압 박물관입니다. 그런데 한 가지 아쉬운 것은 고구려 사신도 때문에 아프라시압의 더 깊고 더 묵직한 역사를 흘려듣는다는 점입니다. 숲을 보고 나두를 봐야 하는데, 나무만 보고 나오는 우를 범하지 않으시면 좋겠습니다."

가이드는 첫날보다 몇 곱절은 더 유창해진 우리말로 한국 관광객들의 아프라시압 참관 패턴을 지적했다. 일리 있는 말이었다. 우즈베키스탄의 최고 관광 전문가다운 조언이라 많은 사람이 그의 말에 고개를 끄덕였다.

그의 설명대로 아프라시압의 역사는 사마르칸트의 역사였다. 앞에서도 서술했듯 이 지역은 BC 6세기 페르시아제국의 지배를 받았다. 아프라시압 궁전은 바로 그 무렵이던 BC 5세기에 지어졌다. 이 궁전 터는 1880년대 러시아 고고학자들의 학술적인 손을 거치기 전까지 2,000년 이상 땅속에 묻혀 있었다.

궁전 터의 발굴 작업은 1900년대 중반까지 이어졌다. 그 과정에서 이 지역의 역사를 증명하는 여러 유물이 출토됐다. 박트리아 시대를 관통

◁ 이슬람 성지인 샤히진다를 방문한 무슬림 소녀

고구려 사신 벽화가 있는 아프라시압 박물관

했던 그리스풍의 도자기를 비롯해 알렉산더 대왕 시대의 동전과 쿠샨왕조 시대 유물인 조로아스터교 제단, 물과 다산 多産 의 여신으로 일컬어지는 아나히타의 테라코타 조상 彫像 등 발굴 작업을 통해 빛을 보게 된 유물 대부분은 사마르칸트의 오랜 역사를 또렷하게 입증했다. 또 지하수망을 갖췄던 거주지 흔적들과 도심 쪽으로 난 3개의 수로까지 발굴돼 이 지역이 기원전부터 문명 도시였다는 것이 증명되었다.

"고구려 사신도는 1965년에 발견됐습니다. 당시 본궁에서 약 500m 떨어진 별궁 발굴 작업이 진행됐는데, 정면인 서벽과 왼쪽 면의 남벽, 그리고 오른쪽 면의 북벽에서 벽화가 발견됐습니다. 서벽의 벽화를 복원했더니 외교 사절로 보이는 사람들의 행렬도가 나타났습니다. 그중 저기 보시는 것처럼 맨 끝에 서 있는 두 사람이 고구려 사절로 확인됐습니다. 그들이 쓴 조우관鳥羽冠과 허리에 찬 환두대도環頭大刀가 고구려 복식 문화와 일치해 그 같은 결론을 내리게 됐고, 이로써 한반도와 중앙아시아의 인연이 7세기 때부터 이어져왔다는 사실이 입증됐습니다."

가이드는 이 벽화가 7세기 무렵의 것으로 판명됐다고 설명했다. 그리고 여러 연구 결과 벽화의 주인공들은 650년부터 683년까지 사마르칸트 지역의 소그드인들을 다스렸던 바르후만 왕과 투르크, 당나라, 고구려 등지에서 그를 찾아온 12명의 외국 사절단이라고 덧붙였다.

이번 여행을 준비하며 중앙아시아 연구 권위자인 권영필 한예종 교수의 글을 읽었다. 그 사전 학습 때문에 가이드의 설명이 귀에 쏙쏙 꽂혀 유쾌했다. 권 교수는 아프라시압의 고구려 사신도 벽화를 이해하기 위해서는 연개소문 시절 고구려와 당나라의 전쟁사를 알아야만 한다고 강조했다.

권 교수의 설명에 따르면 642년 고구려의 실권을 장악한 뒤 당과의 전쟁(645)에서 강경책을 펼쳤던 연개소문은 먼 나라들과의 제휴를 통해 이웃 국가를 공격하는 원교근공遠交近攻 방침을 세웠다고 한다. 그리고 심지어는 6~7세기 몽골 중가리아 북부 지역을 장악했던 투르크계 유목 민족(설연타)까지 끌어들여 당나라를 견제하려고 했다는 이야기다.

"설연타는 지금의 우즈베키스탄 땅인 소그드로 가는 길목에 위치하고 있었다. 연개소문은 이 같은 외교 정책의 연장선상에서 설연타보다 서쪽으로 더 멀리 떨어진 소그드와도 연합하려고 했던 것 같다. 그런데 이즈

음 당나라가 설연타를 멸망시켰다. 나아가 650년부터 655년까지 소그드를 실질적으로 지배하며 중앙아시아 서쪽까지 당 세력을 확장했다. 소그드는 당시 군사, 외교의 각축장이었다. 아프라시압 벽화 속의 사신도 모습이 바로 그 시절의 그런 정황들을 잘 나타내고 있는 것 아닌가. 그렇게 판단된다." —권영필 고수, 《중앙아시아와 고대 한국》 중

권 교수가 강조한 소그드인들은 실크로드의 전성기를 구가했던 사마르칸트 지역의 원주민들이었다. 타고난 장삿술로 낙타를 타고 당나라의 장안까지 들어가 양탄자와 향신료를 팔았고, 비단 등 중국의 특산품을 싣고 와서 페르시아와 아랍 지중해 연안 국가들에까지 널리 전파한 중개무역상 역할로도 유명했다.

송나라 개국 초기 당나라의 국정 연혁과 제도 전반을 항목별로 분류한 책 한 권이 편찬(961)됐다. 《당회요唐會要》라는 책이다. 당나라 시기 소그드인들의 활동 폭이 얼마나 대단했는가는 그 책을 통해서도 입증된다. 한 나라의 국정 전반을 연대기별로 기록한 책에 소그드인들이 등장하는 사실은 그들이 얼마나 번성했는가를 방증하기에 흥미롭다.

"소드그인들은 자식을 낳으면 반드시 꿀을 먹이고 아교를 손에 쥐여 준다. 그것은 그 아이가 성장했을 때 입으로는 항상 감언을 하며 아교가 물건에 붙듯이 손에 돈을 가지게 되었으면 하는 염원 때문이다. 그들은

◁ (위) 아프라시압 박물관의 아프라시압 궁전 벽화
　(아래) 맨 오른쪽에 있는 두 사람이 고구려 사절로 확인

누구나 장사를 잘하며 지극히 적은 이윤이라도 다툰다. 남자는 20세가 되면 다른 나라에 보내는데, 중국에도 온다. 이익이 있는 곳이면 가지 않는 곳이 없다." —《당회요》

이처럼 소드그인들이 활동 폭을 넓혔던 시절, 그들의 실크로드 무역사는 한반도에도 많은 영향을 끼쳤다. 특히 음식 문화에 미친 영향이 컸다. 우리 전통 먹거리 중 '호胡' 자가 들어간 음식은 대부분 당나라 시절에 유입됐다. 마늘의 한자 표기는 호산胡蒜이다. 오이는 호과胡瓜, 참깨는 호마胡麻, 양파는 호총胡蔥, 후추는 호초胡椒로 표기된다. 이들 이름 앞의 '호' 자는 페르시아를 일컫는다. 즉 실크로드를 따라 당나라로 들어온 페르시아산 식재료들이 한반도까지 유입됐다는 의미다.

당시 당나라를 주름잡던 소그드인들에게도 음식 이름과 마찬가지로 '호' 자가 붙었다. 그들을 통칭하는 이름이 호인胡人이었고, 그들의 음악을 호악胡樂이라고 했다. 의상은 호복胡服, 음식은 호식胡食, 춤은 호무胡舞라고 일컬었다. 작금의 한류처럼 그들의 문화가 당나라에서 유행했을 때 사람들은 그것을 호풍胡風이라 표현했다.

호복을 입은 호인들이 낙타에 싣고 당나라까지 가져온 호산(마늘), 호과(오이), 호파(참깨) 등이 경주로 유입돼 한반도 식문화에 큰 영향을 미쳤다는 사실 하나만으로도 실크로드 문명사가 남의 이야기만은 아니다. 바로 우리 문화사의 일부였고, 우리 생활사 속의 실체라 할 수 있다.

"소그드인들이 대단했던 사람들이었구먼. 멀리 고구려 사신들까지 찾아온 걸 보면 참 대단했던 사람들이었던 것 같아."

아프라시압 박물관을 나서던 한 여행자가 소그드인들의 찬란했던 한 시대를 반추했다.

"그러게 말예요. 그런데 그 대단했던 민족이 어느 한순간 역사 속으로 사라졌다는 게 참 믿기지 않아요. 그러고 보면 우리 민족은 대단한 거예요. 반만년 동안 그렇게 모진 세월을 거치면서도 살아남았으니 자랑스럽네요."

외국 여행을 하다 보면 누구나 다 애국자가 된다고 했던가? 결국 오늘 여행의 감상기도 '기승전-대한민국'으로 종결되는 분위기였다.

여행단은 이제 내일 아침 일찍 아프라시압 고속열차를 타고 타슈켄트로 향한다. 그리고 타슈켄트 하루 여행을 마치고 저녁 시간에 전세기를 타고 한국으로 돌아가게 된다. 그러고 보니 어느새 우즈베키스탄에서의 마지막 밤이었다. 아쉬웠다. 그동안 수고한 가이드와 맥주라도 한잔하고 싶었지만, 원고 마감이 당장 나의 자유 영혼을 짓눌러버렸다.

"오늘쯤은 원고 한 꼭지 써서 보내는 게 어때요?"

비비하눔 모스크를 방문하고 있을 무렵 도착한 편집주간의 문자 한 통이 오후 내내 나를 불편하게 만들었다. 에잇! 이번에 돌아가면 정말로 때려치운다, 내가.

마지막 일정-타슈켄트
중앙아시아의 관문, 우즈베키스탄의 수도 투어

2월 2일 아침. 관광단을 태운 고속열차가 타슈켄트로 출발했다. 사마르칸트에서 타슈켄트까지의 철도노선 거리는 344km였다. 이 구간을 2시간 10분가량에 주파한 고속열차의 이름이 '아프라시압'이라. 관광객들은 전날 마지막 코스로 둘러봤던 '고구려 사신도'의 감흥을 다시 한 번 소환했다.

"한국에는 KTX가 있다고 들었습니다. 우즈베키스탄의 고속열차 이름은 아프라시압인데요, 중앙아시아 최초로 2011년 9월 개통됐습니다. 우즈베키스탄의 철도 역사는 1888년부터입니다. 그로부터 123년 만에 또 다른 역사를 쓰게 된 셈입니다. 당시 중앙아시아와 CIS 국가들의 많은 언론에서 철도 실크로드 시대가 열렸다고 크게 환호했습니다." (CIS

: Commonwealth of Independent States, 독립 국가 연합. 과거 소비에트 사회주의 연방 공화국 USSR, 즉 소련에 속한 나라들 가운데 11개국이 소련의 소멸과 함께 결성한 정치 공동체다. 11개국은 러시아·우크라이나·벨로루시·몰도바·카자흐스탄·우즈베키스탄·투르크메니스탄·타지키스탄·키르키즈스탄·아르메니아·아제르바이젠 공화국이며, 1993년 그루지야가 가입함으로써 12개국이 되었다.)

사마르칸트 기차역에서 타슈켄트행 열차를 기다리며 가이드가 설명한 내용이다. 앞에서도 소개했지만 1888년 개통된 중앙아시아 첫 철도 노선은 카스피해 항구도시인 투르크메니스탄의 투르크멘바시와 사마르

우즈베키스탄의 자긍심, 아프라시압 고속열차

칸트를 잇는 카스피해 횡단 철도였다. 그 철도가 1896년 타슈켄트까지 연장돼 적어도 이 구간에서만큼은 낙타 물류 시대가 종결됐다. 가이드의 말대로 '철도 실크로드' 시대가 열리면서 중앙아시아 지역의 새로운 변화가 시작된 것이다.

아프라시압을 타고 타슈켄트로 이동하는 동안 나는 이번 여행의 의미를 생각했다. 히바에서 부하라를 거쳐 사마르칸트와 타슈켄트로 이어진 이번 여정은 말 그대로 '시간 여행'이었다. 히바와 부하라에서의 시간이 고대였다면, 아미르 티무르가 창조한 사마르칸트에서의 한나절 관광은 중세 시대로 집중됐다. 그리고 이번 여정의 종착지인 타슈켄트에서 보게 될 관광 명소들은 대부분이 현대 건축물들이다.

이번 여행 준비 과정에서 사전 학습을 통해 나는 1966년 타슈켄트에 대지진이 있었다는 것을 알게 됐다. 도시 절반이 파괴되는 진도 7.5 규모의 강진이었다. 당시 대지진은 타슈켄트의 오랜 역사까지 무너뜨렸다. '돌의 나라'라는 뜻을 가진 이 도시는 옛 중국 문헌을 통해 '석국石國'이란 지명으로 널리 알려졌던 실크로드 시대의 대표적인 고도古都였다. 말하자면 우리나라의 경주나 부여에 해당하는 도시 전체가 강진의 영향을 받으며 문화재 상당 부분이 파괴된 것이다. 지진 당시 120만 명가량의 도시 인구 중 30만 명 이상이 피해를 봤고, 7천 세대 3만 5,000명가량이 지진 공포로 삶의 터전을 다른 도시로 옮겼다고 하니 강진의 여파가 얼마나 심각했는가를 짐작게 했다.

이후 타슈켄트는 신시가지를 새로 건설하며 현대화되었다. 2,700년 역사의 사마르칸트가 칭기즈칸의 파괴로 재창조됐다면, 타슈켄트는 그에 못지않은 자연재해로 도시 역사를 새로 쓰게 된 셈이다.

"소비에트 연방 시절 타슈켄트는 모스크바와 레닌그라드, 키예프, 민스크에 이은 5대 도시 중 하나였다고 해요."

일행에게 내가 설명했다. 어느 순간부터 사람들이 내 옆으로 몰렸다. 아마도 사마르칸트 레기스탄 광장 이후부터였던 것 같다. 때때로 주변 몇 사람에게 내가 아는 이야기를 압축해 전해주곤 했는데, 그게 입소문을 탔던 모양이다. 그러다가 레기스탄 광장 코스에서 가이드가 급히 화장실을 간 사이 우왕좌왕하는 일행을 결집하려고 잠깐 마이크를 잡았는데 그때부터 내 자리가 어정쩡해졌다. 취재 기자 겸직의 가이드 보조로 때론 일행에게서 쏟아지는 질문에 대답해야 할 처지가 된 것이다.

오늘 아침 타슈켄트에 도착했을 때도 마찬가지였다. 관광버스를 타기 위해 광장을 가로지르던 일행이 내 곁으로 몰려들며 호기심을 마구 쏟아냈다.

"타슈켄트에도 지하철이 있나요?"

"분위기를 보니까 딱 우리나라 80년대 초 모습인데, 웬 다마스 차가 저렇게 많이 굴러다닌다냐? 동남아 갔을 때도 한국 차가 많던데 거기처럼 저게 다 중고차로 팔려 온 건감?"

"이제는 한국 음식이 먹고 싶은데, 여긴 대도시니까 한국 식당도 있겠지요?"

"이 나라도 사회주의 국가니까 북한 사람이 많을 텐데 위험하진 않나

타슈켄트의 랜드마크인
타슈켄트 TV타워

모르겠어."

그들의 궁금증은 마침 대부분 아는 것들이었다. 경제 기사를 많이 썼던 덕에 우즈베키스탄 출장자들에게서 들었던 이야기도 있고, 사전 공부를 통해 기억해 둔 정보도 있어 그들의 질문을 가뿐하게 소화했다.

"북한과는 아주 소원해져 지금은 대사관도 철수했대요. 한국과의 경제협력 사업이 워낙 많다 보니 어느 순간부터 북한과는 많이 틀어졌다고 들었어요. 그래서 북한 사람들은 거의 없다고 해요. 김우중 회장이 1996년 여기에 대우자동차 공장을 지었어요. 그래서 저렇게 다마스가 많이 보이는 건데, 우즈베키스탄에는 이런 말까지 있어요. 대우 차를 타고 퇴근해서 LG 에어컨을 틀어놓고 삼성 텔레비전을 보며 저녁 시간을 보낸다는. 그만큼 우리 기업의 진출이 아주 활발한 곳이지요."

나의 설명에 일행이 고개를 끄덕였다. 뒤따라오던 가이드가 빠른 걸음으로 우리 일행을 앞지르며 나의 보조 역할이 고마웠는지 활짝 웃는 표정으로 내게 엄지 척을 보냈다.

"타슈켄트 지하철은 아름답기로 유명하대요. 저도 아직 못 타봤는데, 우즈베키스탄 출장 다녀온 사람들이 이구동성으로 칭찬하더라고요. 아까도 말씀드렸다시피 타슈켄트가 소련 시절 소비에트 연방 5대 도시 중의 하나라서 그런 건지 개통도 아주 일찍 됐더라고요. 우리나라 지하철이 1974년 개통됐는데, 타슈켄트 지하철도 비슷한 시기인 1977년에 개통됐다고 합니다. 당연히 중앙아시아 최초였고요. 그다음 두 번째 개통이 카자흐스탄의 알마티 지하철인데, 그건 2011년에 개통됐다고 하니 타

타슈켄트 지하철 역사

슈켄트 지하철의 역사가 얼마나 빨랐는지 저도 그 이야기를 들었을 때 많이 놀랐어요."

일행에게 설명해준 이야기들은 대부분 한두 번쯤 내가 기사로 썼던 것이었다. 그러다 보니 정확한 연도까지 술술 꿸 수 있어 나름대로 재미가 있었다. 한국인이 많이 살고 있고, 타슈켄트로 출장 오는 사람도 많아 한국 식당이 여러 개 있는 걸로 들었다는 이야기도 해줬다. 그리고 2016년 8월 카리모프 초대 대통령이 갑자기 병사한 뒤 총리로 있던 미르지요예프가 대통령이 되었는데 개혁 개방 정치로 인기가 좋다는 것 등등 내가 아는 여러 이야기를 곁들이다 보니 어느덧 대로 건너편의 관광버스 정류장에 이르렀다.

히바에서 타슈켄트로 이어진 길은 '계절 여행'이기도 했다. 히바는 한겨울이었다. 그리고 부하라와 사마르칸트는 겨울과 봄의 경계였다. 사마르칸트에서 고작 300km를 이동했을 뿐인데 타슈켄트에서는 봄기운이 느껴졌다.

"타슈켄트는 천산산맥에서 흘러 내려온 치르치크강을 끼고 형성된 오아시스 도시로, 천산산맥을 넘어온 중국 상인들이 이곳에서 며칠 밤을 묵고 사마르칸트로 떠났습니다. 옛날 중국 사람들은 이곳을 석국으로 불렀습니다. 먼 옛날 호레즘왕조 때부터 있었던 도시인데, 사마르칸트나 부하라보다는 덜 번성했던 소규모 상업 도시였다고 합니다."

첫 관광 코스로 이동하며 가이드는 타슈켄트의 개괄부터 훑었다.

중국인들이 이곳을 '석국'으로 불렀던 이유는 이 도시에 돌이 많아서는 아니었다. 자료에 따르면 석국으로 불린 이유는 몽골 등지에서 가져온 원석을 보석으로 가공해 서양으로 수출했기 때문이라고 한다. 다음은 주우즈베키스탄 한국대사관 홈페이지에 올라 있는 관련 글이다.

타슈켄트가 돌과 인연을 맺게 된 계기는 금 세공업의 발달과 관계가 있다. 8세기 중반 압바스왕조의 이슬람이 중앙아시아에 세력을 미치기 직전까지 조로아스터교를 신봉한 사마르칸트, 발흐(아프가니스탄 지명)와 더불어 타슈켄트는 동서 교역 도시로서 몽골 남부 알타이산맥에서 생산되는 금을 사다가 가공해 팔았다. 생산지로서가 아닌 세공업을 중심으로 한 당시 타슈켄트의 무역은 8세기 중반 실크로드의 판도가 서서히 바뀌어가는 상황에서도 일정 기간 금은金銀 세공업의 중심지로서 충실한 역할을 했다.

타슈켄트는 1865년 러시아에 합병되면서 세계적으로 널리 알려졌다. 침략자들의 악명이 회자할 때마다 이 도시 이름도 함께 언급됐기 때문이다.

1906년 러시아는 시베리아 횡단 열차의 연장으로 본토와 이 지역을 연결했다. 그 철도를 따라 러시아의 많은 노동자와 관료가 이곳으로 유입됐다. 그 뒤 1920년대 한때 사마르칸트에 중앙아시아 중심 도시의 지위를 넘겨줬지만, 1930년대부터는 거의 100년 가까이 우즈베키스탄의 관문 역할을 맡으면서 국제도시로서의 면모를 갖춰갔다.

사실 우즈베키스탄은 중앙아시아 인구의 45%를 차지할 만큼 시장 규모가 크다. 중앙아시아에서 면적이 가장 큰 나라는 카자흐스탄이다. 272만 4,900㎢로 우즈베키스탄보다 여섯 배 이상 크다. 하지만 인구는 2017년 기준 1,860만 명으로 우즈베키스탄(같은 시기 기준 3,225만 명)보다 적다. 그 밖에 타지키스탄 인구는 930만 명가량이며 키르기스스탄과 타지키스탄은 각각 약 622만 명과 595만 명가량이다. 그렇다 보니 수도 타슈켄트는 중앙아시아의 관문 역할을 한다. 정치적으로도 중앙아시아 외교 무대의 중심지가 바로 이곳 타슈켄트다. 우리나라도 1992년 1월 공식 수교를 맺은 이래 타슈켄트를 중심으로 적극적인 북방 외교를 펼쳐왔다.

수교 첫해인 1992년 6월 카리모프 우즈베키스탄 대통령이 한국을 찾아 노태우 대통령과 양국 정상회담을 가졌다. 1994년 6월 김영삼 대통령이 타슈켄트를 방문했고, 이듬해 2월에는 카리모프 대통령이 다시 한국을 찾아 김영삼 대통령과 우의를 다졌다. 그 뒤 1997년 9월 술타노프 총리 방한과 1999년 10월 카리모프 대통령의 방한으로 이어졌고, 2005년 5월 노무현 대통령의 타슈켄트 방문과 2006년 3월 카리모프 대통령의 한국 답방을 통해 아랄해 인근의 가스 유전 공동 개발, 우즈베키스탄의 의료 시설 현대화 지원, 고려인 1세대 독거노인들을 위한 아리랑요양원 설립 추진 등 많은 성과를 이뤄냈다.

"나는 지난 25년 동안 8차례나 한국을 방문했습니다. 한국을 찾는 것은 이제 타국에 오는 것 같지 않습니다. 세계 어느 나라 대통령이 이렇게 여러 번 한국을 찾은 경우가 있었는가? 만일 그런 경우가 있다면 내게 말씀해주시기 바랍니다. (웃음)"

2015년 5월 한국을 국빈 방문한 카리모프 대통령은 박근혜 대통령의 초청 만찬에서 이런 조크로 양국 간 우의를 과시했다. 맞는 말이었다. 양국은 수교 25년을 지나는 동안 12차례의 정상회담을 가졌다. 그런데 그중 여덟 차례나 한국을 방문했을 만큼 카리모프 대통령의 친한적인 의지가 컸다.

정치에 관심 있는 여행자라면 이런 정보도 알아둘 필요가 있겠다. 한국과 마찬가지로 우즈베키스탄 역시 구소련 시절 정치적 텃밭 싸움이 격렬했다. 한국이 영호남으로 갈렸다면 우즈베키스탄의 양대 축은 타슈켄트와 사마르칸트 계파였다. 이들의 오랜 파벌 싸움은 1959년 샤로프 라시도프 시대를 맞으며 사마르칸트 계파의 승리로 정리됐다.

라시도프는 1959년 3월 소비에트 연방의 우즈베키스탄 공산당 서기장 자리에 올라 1983년 10월까지 24년 동안 그 자리를 지켰다. 70년가량 이어진 구소련 시절의 우즈베키스탄 서기장은 열네 명이었다. 라시도프를 제외한 다른 이들의 평균 임기는 5년 내외였다. 그런 점에서 그의 재임 기간은 특별했고, '공산당 당원증을 가진 중앙아시아의 칸'이라는 별칭까지 붙었을 만큼 그의 영향력 또한 대단했다.

라시도프의 24년 집권으로 타슈켄트 계파는 위축됐다. 그 영향력 아래에서 카리모프 시대가 등장했다. 그 역시 사마르칸트 계파였다. 그의 25년 집권 시절 타슈켄트 계파는 궤멸됐다. 따라서 2017년 12월 그의 뒤를 이어 권좌에 오른 미르지요예프 현 대통령은 특별한 정적 없이 안정적인 시대를 열게 됐다. 공교롭게도 그에게 이 같은 유산을 남겨준 라시도프의 고향도 지작주고, 미르지요예프 대통령의 고향 역시 지작주다.

라시도프는 1983년 자살로 생을 마감했다. 소비에트 연방이 해체되기 7년 전 일로, 1964년부터 서기장을 맡아왔던 브레즈네프 시대가 마감되고 안드로포프 시대를 열기 시작하던 때였다. 그의 자살 이유는 분분했다. 하지만 우즈베키스탄은 1991년 독립 이후 그의 자살 이유가 소비에트연방 정권의 정치적 탄압 때문이었다는 논리로 그에 대한 추모 열기를 키웠다. 2017년은 그의 탄생 100주년이었다. 집권 1년 차를 맞고 있던 미르지요예프는 자신의 고향이기도 한 지작에 라시도프의 대형 동상을 세우며 그의 추모 열기를 부추겼다.

라시도프는 작가로도 명성을 날렸다. 미르지요예프 대통령은 그의 동상 제막식 기념 연설에서 "라시도프는 막중한 소임을 수행하며 문학에도 충실해 수많은 작품을 남겼다"고 강조하며 "그의 문학적 족적이 영원히 빛날 것"이라고 추모했다. 그의 문학적 족적은 미르지요예프의 청년기에 많은 영향을 끼쳤다. 그가 동상 제막식 연설에서 강조했던 '라시도프의 인본주의적 정신'은 그런 점에서 미르지요예프 시대를 바라보는 또 다른 관전 포인트였다.

"잠시 뒤 도착하는 곳은 여러분이 어제 사마르칸트 투어를 통해 친숙해지신 아미르 티무르 박물관입니다."

관광버스가 시내 중심가를 달리고 있을 무렵 가이드가 마이크를 잡았다.

"한국에도 세종대왕을 기리는 여러 랜드마크가 있다고 들었습니다. 서울 한복판의 가장 중심 도로를 세종대로라고 했듯이, 타슈켄트의 가장 중심 도로에도 아미르 티무르 이름을 붙였습니다. 또 서울 한복판의 문화시설을 세종문화회관으로 했듯이 우즈베키스탄도 가장 큰 국립 박물관의 이름을 아미르 티무르 박물관으로 했습니다. 말하자면 아미르 티무르는 우즈베키스탄의 가장 큰 영웅입니다. 그래서 사마르칸트뿐만 아니라 타슈켄트에서도 아미르 티무르를 자주 만나게 된다는 점 기억해 두시면 좋겠습니다."

▷ 타슈켄트의 대표적 상징인 아미르 티무르 동상

박물관을 참관하는 학생들

가이드의 설명에 따르던 아미르 티무르 박물관은 그의 탄신 660주년을 맞아 1996년 개관한 타슈켄트의 대표적 관광지다. 유네스코 후원으로 개관했다는 이 박물관에는 티무르와 그의 제국에 관한 역사를 한눈에 살펴볼 수 있는 전시물이 가득했다. 옥색 지붕에 현대와 고대의 건축술을 융합한 인테리어가 돋보이는 박물관의 내부 천장엔 눈부신 샹들리에가 달려 있고, 1층 중앙에는 대리석 주춧돌 위에 거대한 코란이 놓여 있다. 그리고 박물관 2층은 화려했던 티무르제국의 전성기 모습을 재현해놓고 있어 관람객들의 눈길을 사로잡았다.

마치 우리네 어린 시절 현충사를 단체 관람하던 모습 그대로 역사 선생님의 안내를 받으며 박물관을 관람하는 우즈베키스탄 학생들의 눈빛이 빛났다.

박물관 앞 티무르 광장 중심에 있는 기마상을 뒤로하고 일행이 찾은 다음 장소는 무스타클릭 광장이었다. 무스타클릭은 우즈베크어로 '독립'이란 뜻이다. 1991년 구소련으로부터 독립한 뒤 '붉은 광장', 또는 '레닌 광장'으로 불렸던 이곳을 새롭게 정비하며 기존에 있던 레닌 동상을 철거하고 그 자리에 독립 기념 아치를 세웠다. 더불어 추모광장과 무명용사 묘역까지 조성해 이곳을 우즈베키스탄 최고의 국가 공간으로 만들었다. 마치 우리나라의 국립현충원처럼 우즈베키스탄을 방문하는 모든 외국 정상들도 방문해 헌화하는 상징적인 공간이다.

"우즈베키스탄은 19세기 제정 러시아에 병합된 뒤 1873년 부하라와 히바가, 그리고 1875년에는 코칸드가 차례로 정복당했습니다. 그리고 1924

무스타클릭 스퀘어(독립광장)

년 소비에트 연방의 일원으로 편입돼 구소련의 지배를 받다가 마침내 1991년 9월 1일 독립했습니다. 무스타클릭 광장은 그런 의미에서 우즈베키스탄 국민 모두의 염원이 담긴 역사적인 공간이라 하겠습니다."

 가이드가 다소 엄숙한 표정을 지으며, 자신은 1992년생으로 누구보다도 우즈베키스탄의 무궁한 발전을 기원하는 독립 신생 국가 1세대라고 말해 일행으로부터 큰 박수를 받았다.

 "다음으로 둘러볼 곳은 타슈켄트 무슬림 투어의 핵심인 하즈라티 이맘 이슬람 광장입니다. 타슈켄트에 관광하러 오는 외국인이 많이 찾는 곳인데, 정부가 깊은 관심을 두고 공을 들이는 관광 명소로, 금년 5월부터는 정부 차원에서 운영하는 무슬림 전문 여행사가 본격 가동될 예정이라 앞으로 더욱 유명해질 것 같습니다."

가이드는 이슬람권의 유네스코와 같은 이슬람교육과학문화기구 ISESCO가 매년 이슬람 문화의 수도를 발표하는데, 2007년의 수도가 타슈켄트였다고 설명했다. 하즈라티 이맘 이슬람 관광단지는 이를 기념해 재건한 이슬람 유적지로, 줄여서 '하스트 이맘'으로 불린다고 했다.

이슬람 관광단지는 타슈켄트의 대표적 전통 시장인 초르수 바자르 뒤편에 위치하고 있었다. 카팔 샤시 묘소, 바라크한 마드라사, 툴라 셰이흐 마드라사, 무이 무바락 마드라사, 수윤츠호자한 묘역 등 다섯 개의 유적지와 무슬림관리청, 하즈라티 이맘 모스크 등이 모두 이곳에 모여 있어 둘러볼 곳이 많은 탓에 외국인 관광객들에게도 인기를 끄는 중이었다.

가이드는 '하즈라티 이맘'은 위대한 성직자란 뜻으로, 이곳에서 칭하는 위대한 지도자는 '아부바크르 무함마드 카팔 샤시'라고 소개했다. 그는 중앙아시아에 처음으로 이슬람을 전파했던 타슈켄트 초기 이슬람 지도자다. 16세기에 그를 기리기 위해 처음 사원이 만들어졌으며, 그 주위로 다른 지도자들의 무덤과 사원이 세워져 단지가 형성되기 시작했다고 한다.

2007년에 새롭게 복원된 '바라크한 마드라사'는 1502년부터 1770년까지 3단계에 걸쳐 건설됐다. 바라크한은 1525년부터 1533년까지 타슈켄트를 통치한 칸의 이름이다. 또 '신성한 머리카락'이란 뜻의 '무이락 마드라사'는 1856년에 건립됐는데, 무함마드 예언자의 머리카락과 1997년 유네

하지라티 이맘 모스크

한국 관광객들이 좋아하는 초르수 바자르 견과류 가게

스코 세계기록유산으로 지정된 세계에서 가장 오래된 코란이 보관돼 있어 유적지로서의 의미가 상당했다.

그 밖에도 '틸라 셰이흐 모스크'는 1855년 '아짐보이'라는 타슈켄트의 한 부호가 건립했다. 그는 성품이 너그럽고 친절해 많은 사람으로부터 존경받는 부자였다고 한다. 아들을 낳으면 타슈켄트에 세 개의 모스크를 건립하겠다고 부인에게 약속했는데, 틸라 셰이흐 모스크는 그 세 개 중 하나라는 이야기가 전해진다.

가장 최근에 세워진 유적지는 '하즈라티 이맘 모스크'다. 카리모프 초대 대통령의 지시로 조성되었는데, 사마르칸트의 비비하눔 모스크와 부하라의 칼론 모스크에 이어 중앙아시아에서 세 번째로 큰 규모라고 한다. 이곳에서는 5,000명 이상이 동시에 모여 예태를 볼 수 있는 대단히 큰 규모였다.

이제 우즈베키스탄을 떠나 한국으로 돌아갈 시간이 얼마 남지 않았다. 마드라사 방문길에서 관광객들은 전통 공예품을 한 꾸러미씩 샀다. 과거에는 교실로 사용했을 공간을 지금은 매장으로 활용 중인 마드라사의 이색 상가에는 값싸고 실용적인 목공예 상품이 많았다. 그러니 당연히 지갑을 열 수밖에.

지갑을 열어야 할 곳이 또 있었다. 초르수 바자르였다. 우즈베키스탄의 전통 시장으로, 견과류와 다양한 육류 제품이 가득하고 활력까지 넘쳐나 관광단은 제각각 지갑을 열면서도 행복한 표정을 지었다. 하지만 1층 한쪽에서 다양한 김치를 담가 파는 고려인의 눈빛이 자신들에게 쏠린 순간, 관광객들은 잠시 행복한 표정을 접고 잊고 지냈던 우리네 역사의 아픈 단면 하나를 기억해냈다.

이날 관광단은 타슈켄트 하루 코스를 숨 가쁘게 소화했다. 들를 곳은 많았지만 시간이 빠듯했다. 일행 중 몇은 타슈켄트 일정을 빡빡하게 잡은 주최 측을 타박했다.

"이런 대도시라면 1박 2일 코스로 잡았어야지, 이게 뭐야?"

한 사람이 투덜댔다.

"그럼 비용이 비싸지잖아. 한 사람이라도 더 모아야 전세기를 띄울 수 있었던 상황이라 나름 착한 가격으로 관광 상품을 만들려고 고민이 많

초르수 바자르 김치 가게의 고려인

앉던 모양이야. 그러니까 이해하자고, 이 사람아. 이제 길 텄으니 나중에 우리 동창들끼리 한 번 더 다녀가세. 나는 다음에 오면 조명희문학관을 좀 더 차분하게 둘러보고 싶구먼. 어떻게 해서 타슈켄트에 우리나라 민족 시인인 조명희의 문학관이 들어섰는지 그게 가장 신기했다네."

여행 소감을 곁들이며 그의 친구가 다독였다. 그가 말한 조명희문학관은 사실 단독 시설은 아니었다. 그래서 문학관이란 표현이 조금 과장되게 들렸다. 정확히 말하면 조명희 문학코너 혹은 조명희문학기념실 정도가 정확한 표현일 거라고 생각했다. 흉상과 육필 원고, 가족사진, 그를 추모하는 그림, 그와 관련된 1930년대 신문 기사 등을 전시하고 있는 이 기념비적인 공간은 '나보이문학박물관' 4층에 자리 잡고 있었다. 다라서 조명희를 언급하기 전에 나보이를 아는 게 먼저였다.

'나보이(1441~1501)'는 아미르 티무르만큼이나 유명한 우즈베키스탄의 또 다른 상징적인 인물이다. '우즈베키스탄 문학의 아버지'로 불리는 그는 우즈베크어르 작품을 쓴 최초의 작가였다. 그가 살던 15세기는 아랍어로만 작품을 쓰던 시기였다. 그의 등장으로 비로소 우즈베크 문학이 대중화되기 시작했다. 말하자면 그는 우즈베키스탄 문학의 시조이자, 문학 작품을 통해 우즈베크어를 폭넓게 보급한 민족어의 시원인 셈이다.

그는 정치가이기도 했다. 1472년 아미르 티무르제국의 일부였던 '호라산' 왕국의 관리로 일하면서 학교나 병원 등을 지어 서민들을 도왔고, 역내 분쟁을 조정하는 등 많은 치적을 쌓았다. 특히 서민들 편에 선 그의 감세 정책, 사비를 털어 자선 사업을 펼친 일화 등은 수백 년이 흐른 지

우즈베키스탄 문학의 아버지라 불리는 알리셰르 나보이

금까지도 우즈베키스탄 국민 사이에 폭넓게 회자되고 있다.

존경받는 대문호라 그런지 타슈켄트에는 알리셰르 나보이의 이름을 딴 시설이 많다. 우즈베키스탄 종합 예술의 대표적 공간인 국립극장의 이름이 나보이다. 나보이 지하철역도 있고, 나보이 공원에 있는 국립도서관의 이름도 나보이다. 그중에서도 1968년 개관한 '나보이문학박물관'이 상징하는 바가 가장 크다. 그의 문학적인 업적을 기리는 기념비적인 공간이기 때문이다. 그런데 그 건물 한 켠에 조명희 기념실이 있다. 어떤 연유인지 알아보기 전에 먼저 조명희에 대해 살펴볼 필요가 있다.

일본 제국주의의 무지한 발이
고려의 땅을 짓밟은 지도 발서 오래이다.

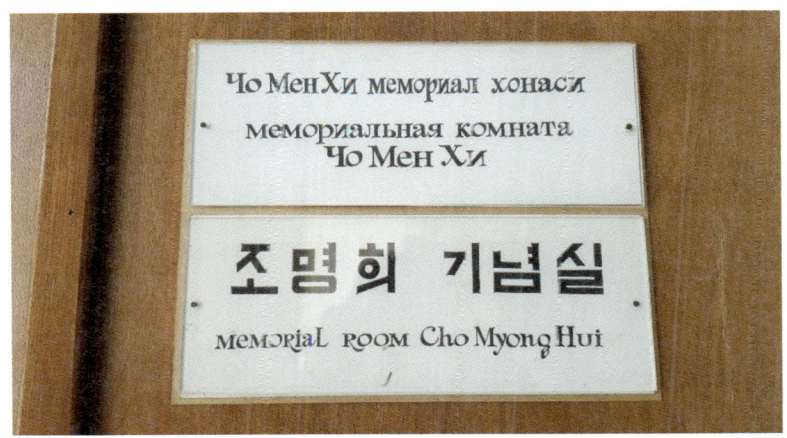

나보이문학박물관 4층에 자리한
조명희 기념실의 현판

그놈들은 군대와 경찰과 법률과 감옥으로

온 고려의 땅을 얽어 놓았다. 칭칭 얽어 놓았다 — 은 고려 대중이 입을 눈을 귀를 손과 발을.

그리고 그놈들은 공장과 상점과 광산과 토지를 모조리 삼키며

노예와 노예의 떼를 몰아 채찍질 아래에 피와 살을 사정없이 긁어 먹는다.

보라! 농촌에는 땅을 잃고 밥을 잃은 무리가

북으로 북으로, 남으로 남으로, 나날이 쫓기어 가지 않는가.

이 시는 1928년 8월 일경의 탄압을 피해 연해주로 망명했던 조명희(1894~1938)가 1930년 '조생'이란 필명으로 쓴 시 〈짓밟힌 고려〉 일부다. 연해주 청년들의 피를 끓게 만든 이 시는 큰 반향을 일으켰다. 뒷날 《레닌

기치》 신문과 고려극장에서 역동적으로 활동했던 정상진 등 많은 문학 청년이 이 시의 영향으로 창작 활동을 시작했다.

1923년 한국 최초의 창작 희곡 《김영일의 사》를 발표한 조명희는 이 작품으로 우리나라 첫 '전국 순회공연'이란 기록을 남겼다. 1924년에 펴낸 《봄 잔디밭 위에》가 한국 최초의 창작 시집으로 평가받으며 그는 일찍이 한국 근대문학의 선각자로 우뚝 섰다. 그런 만큼 그의 연해주 망명은 문단 안팎의 화제였고, 그를 맞은 고려인 지식 사회의 환호 또한 대단했다.

이후 그는 연해주에 머물며 장편소설 《붉은 깃발 아래서》와 《만주 빨치산》 등을 집필하며 문청들을 가르쳤다. 조명희 문하에 강태수, 리시연, 문금동, 최영근, 김 부르크 등 수많은 문인이 배출되었고, 이들은 1930년대 중반 '고려인 문학'의 태동을 주도했다.

하지만 그는 1937년 스탈린의 고려인 강제 이주 시점과 맞물려 1938년 5월 연해주 이국땅에서 형장의 이슬로 사라졌다. 제국주의의 압제를 피해 망명한 그에게 일제 스파이라는 누명이 씌워진 것이다. 그는 스탈린 사후인 1956년에야 비로소 누명을 벗고 복권됐다. 그리고 1958년에 소련 과학원이 《조명희 선집》을 출간함으로써 소비에트 연방 전역에 조명희 문학이 알려지며 작품들이 새롭게 조명받기 시작했다.

조명희에게는 '발렌티나'라는 딸이 있었다. 그녀 역시 1937년 스탈린에 의해 우즈베키스탄으로 강제 이주됐다. 아버지의 사형 소식도 모른 채 어느 날 갑자기 낯선 땅으로 내몰린 그녀의 나이는 고작 다섯 살이었다.

그녀는 타슈켄트에서 성장했다. 이곳에서 대학을 마치고 구소련 시절 우즈베크 사회주의 공화국에서 공직 생활을 했다. 마침 대학을 졸업하던 즈음 아버지가 복권됐다. 사회생활 초창기 무렵 소련과학원이 아버지의 선집을 발간한다는 소식을 듣고 그녀는 목 놓아 울었다. 그리곤 평생 아버지의 문학 업적을 기리겠다는 결기를 다졌고, 결국 그 꿈을 이뤄냈다. 그것이 오늘 우리가 본 나보이문학박물관 내 조명희 기념실이었다.

쿠켈다쉬 마드라사와 로마노프 왕자의 궁전 같은 전통 건축물들과 우즈베키스탄 예술박물관과 알리세르 나보이 오페라극장, 브로드웨이 거리 등 모던한 관광지들이 공존하는 도시를 뒤로한 채 공항으로 향하던 길, 타슈켄트에는 봄을 재촉하는 빗방울이 버스 차창을 반갑게 두드렸다. 겨울의 마지막을 알리는 계절의 신호였다.

이날 시간이 부족해 둘러보지 못한 곳으로는 시내 바부르공원 내 '서울공원'이 있다. 타슈켄트 시내 중심에 위치한 이 공원은 한·우즈베키스탄 교류사의 압축적 랜드마크다. 18만 우즈베키스탄 고려인들의 요청으로 2014년 이 나라 정부가 터를 내주고, 우리 정부가 비용을 부담해 조성한 이 공원은 우즈베키스탄을 찾는 한국인들과 2,000명가량의 우즈베키스탄 교민에게 큰 위안을 주고 있다.

또한 타슈켄트에는 사계절 활력이 넘치는 청춘지대도 있다. 타슈켄트 젊음의 거리는 크게 세 블록으로 나뉜다. 하나는 시내 중심가인 아미르 티무르 광장 주변의 '사일고흐' 거리와 '이스틱볼' 거리다. 다른 하나는 사일고흐 거리에서 북쪽으로 두 블록쯤 떨어진 나보이 국립도서관 주변이며, 나머지 하나는 시내 중심가에서 북서쪽으로 조금 떨어진 우즈베키

타슈켄트 바브르공원 내 서울공원 정문에 세워진
고려인 우즈베키스탄 이주 80주년 기념비

스탄 국립대학교 주변이다.

그중 사일고흐 거리와 이스틱볼 거리는 아미르 티무르 광장을 중심으로 동과 서로 나뉜 대표적 청춘지대다. 사일고흐 거리의 랜드마크가 타슈켄트 법대라면 이스틱콜 거리의 중심은 웨스트민스터 국제대학이다. 특히 '타슈켄트 브로드웨이'란 이름으로 더 많이 알려진 사일고흐 거리는 우즈베키스탄 젊은이뿐만 아니라 타슈켄트를 찾는 수많은 외국 관광객에게도 사랑받는 관광 명소다.

아미르 티무르 광장에서 독립광장까지 이어지는 사일고흐 스트리트에는 여행자들에게 즉석 그림을 그려주는 '거리의 화가'들이 있어 볼거리를 제공한다. 또한 저렴한 가격으로 맛볼 수 있는 음식점들을 품은 대형 쇼핑몰과 형형색색의 다양한 기념품 가게들, 그리고 낭만적인 분위기의 레스토랑과 카페들이 있어 여행자들의 발걸음을 잡는다. 주말과 휴일을 장식하는 다양한 길거리 공연 역시 젊은이들에게 큰 사랑을 받는 넘버원 문화 콘텐츠다.

아미르 티무르 광장 건너편 웨스트민스터 대학 주변의 이스틱볼 스트리트 또한 길거리 공연과 싸고 맛있는 음식점을 찾는 젊은이들로 항상 북적인다. 인기 있는 북카페를 중심으로 삼삼오오 짝을 이룬 젊은이가 모여들고, 휴일 오전부터 농구를 즐긴 청년들이 활기찬 모습으로 핫도그와 아이스크림 전문점을 찾는 점심 무렵이면 거리 전체가 축제 분위기로 바뀌곤 하는 것이다.

이 거리에 자리한 사진예술가들의 포토갤러리에는 항상 사진 저널리

즘을 공부하는 학생들로 붐빈다. 이 공간을 매개로 젊은 포토그래퍼들이 만나 다양한 예술 정보를 공유한다. 인근의 국제포럼궁전을 통해서는 각자의 창의적인 아이디어를 교환하고 외국어에 관심 많은 학생들은 웨스트민스터 국제대학이 주관하는 다양한 프로그램에 참여해 세계를 향해 자신의 꿈을 펼치는 곳 또한 바로 이 거리다.

사일고흐 거리에서 '독립광장'으로 걷다 만나는 길이 '부육 투란' 거리다. 이 거리 한쪽에는 우즈베키스탄 민족 문학의 아버지 알리셰르 나보이의 이름을 딴 국립도서관이 있다. 평소 책을 좋아하지 않는 젊은이들도 주말 만남의 장소로 이곳을 이용할 만큼 나보이도서관은 부육 투란 스트리트의 또 다른 랜드마크다.

이 도서관에는 한국관도 있다. 우즈베키스탄의 많은 학생이 한국 유학을 꿈꾸는 가운데 나보이도서관의 한국관은 그들의 꿈을 키우는 사랑방이다. 이곳을 중심으로 한국어 스터디그룹을 만들고 정기적으로 만나 한국과 관련한 다양한 정보를 공유한다. 최대 규모의 도서관답게 다양한 고서부터 최신 서적까지 서가를 채운 책 속에 묻혀 하루를 보낸 젊은이들은 옹기종기 도서관 뒤편의 분수대에 모여 늦은 시간까지 자신들의 꿈과 미래를 토론한다.

이 거리에는 '포이탁트 비즈니스 센터'도 자리 잡고 있다. '포이탁트'는 수도首都 또는 중심지라는 뜻이다. 현대적인 규모와 시설을 자랑하는 이 센터에는 청소년들에게 사랑받는 다양한 교육 프로그램이 마련되어 있다. 특히 언어를 배우고자 이 공간에 모인 학생들은 거리 스피치 클럽까

타슈켄트 브로드웨이에서
여행자들에게 그림을 그려주는 '거리의 화가'들

지 만드는 적극성을 보이며 타슈켄트 지성의 또 다른 면모를 과시한다.

우즈베키스탄 국립대학교가 위치한 대학로 또한 이와 비슷한 분위기다. 우즈베키스탄 최고의 지성들이 모인 거리답게 이곳에는 항상 청춘지대의 상징인 문학과 예술과 사랑과 열정이 압축되어 있다. 이 지역은 면적만 658ha다. 서울대 관악캠퍼스보다 1.5배가량 크다. 대학부터 중고등학교까지 30개 이상의 학교가 몰려 있는 이곳에는 8,000여 명의 학생이 거대 상아탑을 이룬다.

"헤어질 시간이 점점 다가오니 눈물이 날 것 같습니다. 저도 여러분을 따라 한국에 가고 싶습니다. 저의 꿈은 한국 유학입니다. 그래서 지금 열심히 저축하고 있습니다. 또 한국어 공부도 열심히 하고 있습니다. 제가 그 꿈을 이룰 수 있도록 여러분께서 응원해주시기 바랍니다."

저녁 식사를 마치고 공항으로 향하던 길에 가이드가 눈시울을 붉혔다. 여행단은 힘찬 박수로 그의 꿈을 응원했다. 조만간 서울에서 만나자며 자신의 명함을 건네는 사람도 있었고, 우즈베키스탄에 다시 오면 꼭 연락하겠다고 전화번호를 묻는 사람들도 있었다. 짧은 시간이었지만 그와의 이별에 많은 사람이 아쉬움을 나타냈다.

2월 2일 밤 9시, '이슬람카리모프국제공항(옛 타슈켄트국제공항)'에는 한국인 관광단을 환송하기 위해 두 사람이 나타났다. 우즈베키스탄 정부의 고위직 관료들로, 한 사람은 라브샨 이브라기모프 노동청장이고 다른 한 사람은 울르그벡 나자로프 부청장이었다. 이들은 한국에 나가 있는 우즈베키스탄 노동자들에게 관심을 가져주기 부탁한다면서 연신 허리를 굽혔다.

"아니, 그 위대하신 울르그벡께서?"

한 관광객은 울르그벡 부청장의 이름에 감탄사를 얹었다. 사마르칸트를 여행하며 학습한 울르그벡의 위대함을 곧바로 써먹은 셈이었다. 그들의 환송 인사를 격조 높은 코멘트로 대신한 것인데, 우즈베키스탄 4박 6일 여정의 인문적 생산성은 이렇듯 제법 컸다.

마침내 아쉬운 공항 작별 시각. 한쪽에서는 큰 선물 보따리가 준비됐다. 양국 수교 이래 최초로 단행된 한국인들에 대한 '1개월 비자 면제 프로그램'이 3일 아침 관광단 일행의 인천공항 도착과 맞물려 발표된 것이다. 이로써 2018년 2월 10일 이후부터는 한 달 동안 비자 없이 우즈베키스탄을 여행할 수 있게 됐다. 따라서 앞으로는 이번 여정을 통해 돌아본 히바와 부하라와 사마르칸트와 타슈켄트에 한국인 관광객들의 발길이 잦아져 양국의 '시차 제로' 시대를 성큼 앞당기게 될 것 같다.

"히바가 역시 좋았어요. 말 그대로 타임머신 타고 고대를 다녀온 기분이 아직도 삼삼해요." (한 중년 여성 관광객)

"부하라의 전통 공예품, 정말 우수하더라고요. 기념으로 칼과 가위를 샀는데요. 한국 공항에서 통과될까요?" (한 중년 여성 관광객)

"저는 사마르칸트에서 먹어본 리뾰쉬카 빵 맛이 정말 최고였어요. 친구들에게 나눠 주려고 빵을 5개나 샀습니다." (한 남성 관광객)

"저는 여기 타슈켄트가 마음에 들어요. 거리가 깨끗하고, 오가는 시민들이 세련돼 보이고 표정도 밝아 느낌이 좋았어요." (젊은 여성 관광객)

시도 때도 없이 사라 가이드들을 곤혹스럽게 만들었던 A씨, 날씨가 춥다며 그만 돌아다니자고 수시로 칭얼대던 B씨, 음식이 입에 맞지 않는다고 시시때때로 불평을 늘어놓던 C씨. 그래도 아무 탈 없이 이들 모두를 태운 HY-8512 전세기는 2018년 2월 2일 밤 11시 20분(한국 시간 2월 3일 새벽 3시 20분) 이슬람카리모프국제공항을 출발했다. 그제야 긴장의 끈을 풀고 쉬기 시작한 주최 측 관계자들과 여행사 직원들, 그들의 수고가 컸던 4박 6일 동안의 긴 여정이 시나브로 활주로 램프 끝으로 사라졌다.

타슈켄트 침간산

다시 찾은 실크로드

일과 여행 : 한여름 히바, 육로 키질쿰, 그리고 사마르칸트 사계 투어

무척 바라던 일이었다. 마침내 히바를 다시 찾게 됐다. 2018년 8월 11일부터 16일까지 4박 6일 동안 카라칼파크스탄의 주도 누쿠스에서 진행된 국제로타리 3590지구와 경상대병원의 우즈베키스탄 의료봉사 덕이었다. 동행 취재를 요청하는 주최 측의 전화를 받자마자 편집주간의 허락도 없이 그러겠다고 답변했다. 마침 책상 서랍에 사직서를 써 두고 있던 참이었다. 말린다면 그만두겠다는 생각으로 저지른 나의 도발에 편집주간은 헛기침만 쏟아냈다.

의료봉사를 마친 뒤 히바와 부하라 관광이 예정돼 있다는 담당자의 말에 솔깃했다. 게다가 히바에서 부하라까지 육로로 이동한다는 얘기에 6개월 전 하늘에서 내려다봤던 키질쿰사막이 생생하게 재생됐다. 언젠

만년설 녹은 물이 계곡을 적시는 여름 천산산맥

가 다시 찾는다면 잠시라도 사막 길을 걸어보리라 꿈꿨던 기회가 생각보다 빨리 찾아왔다.

히바 첫 여행은 한겨울이었다. 그런데 이번 여정은 칠랴 한복판이었다. 섭씨 40도의 폭염이 40일 동안 계속된다는 의미의 '칠랴'는 우리네 삼복더위에 해당한다. 카라쿰과 키질쿰에 둘러싸인 사막 도시이고 보니 칠랴 열기는 더욱 뜨거울 것 같았다. 그런데 그 불안이 왠지 당겼다. 천산산맥을 넘고 타슈켄트와 사마르칸트와 부하라를 거쳐 오아시스 도시 히바에 도착했을 1000년 전 칠랴 어느 여름날의 비단 장사 왕서방에게 말을 건네는 내 모습이 어슴푸레 다가왔기 때문이다.

그런 기대로 떠나 도착한 히바는 확실히 뜨거웠다. 일기 예보에 따르

이슬람 호자 미나렛 꼭대기에서
내려다본 이찬칼라 전경

면 오늘 낮 최고 기온이 49도라고 했다. 동절기보다 여름철이 더 비수기라는 가이드의 말에 고개가 끄덕여졌다. 히바를 품은 호레즘은 '호올루즘'이란 그리스어에서 유래됐다. '태양의 땅'이란 뜻이란다. 아마도 BC 4세기 이 지역을 정복한 알렉산더 군대가 지독한 여름 더위의 점령지를 알기 쉽게 표현했던 말이 훗날 지역명으로 정착된 것 같다.

카메라 열기를 식히기는 준비해 온 쿨팩이 유용했다. 사진 몇 장을 찍다 보면 금방 뜨거워지는 카메라를 수시로 쿨팩에 넣다 빼며 6개월 전 단체로 돌아봤던 이찬칼라를 나 홀로 거닐었다. 가이드가 보조 한 명을 붙여주겠다고 했지만 거절했다. 혼자일 때 비로소 보이는 게 있다고 했던가. 이찬칼라가 그랬다. 지난겨울 방문 때는 세월만 보였는데 이번에는 이끼가 보였다. 땡볕 아래 대지에 누워 훌러덩 옷을 벗어 던진 이찬칼라 성벽의 곡선미가 시야에 들어왔다. 카메라 앵글 각이 달라졌다.

"예전에 중앙아시아 성곽들을 답사한 적이 있는데, 그 성곽들을 보면서 신라 성곽과 너무나도 유사해 많이 놀랐지요. 히바 토성이 특히 그랬습니다."

폭염도 잊은 채 한참 동안 셔터 삼매경에 빠져 있던 어느 순간 심광주 LH토지주택박물관 관장이 들려줬던 고대 성벽사 한 토막이 반추됐다. 심 관장은 경기도 하남시 '이성산성' 발굴 작업에 참여했던 20대 이래 임진각 유역과 양주 분지 일대, 그리고 아차산 일대에서 고구려 성곽 40여 개를 직접 찾아낸 고고학자로 2004년에는 개성공단 발굴 조사를 진두지휘하기도 했던 이 분야 최고 전문가다.

"히바, 부하라 지역의 성곽들은 대체로 AD 1세기에서 5세기 사이의 고대 성곽들인데, 그쪽 지역엔 돌이 귀해 토성을 조성했던 것으로 보입니다. 그런데 그 흙벽돌을 석축용 돌로 전환하는 순간 신라 성곽의 모양과 똑같은 요소들이 너무 많았습니다. 그런 모습을 보면서 신라 성곽의 특징을 말할 때 일반적으로는 고구려에서 영향을 받았다고 하는데 그보다 더 멀리 중앙아시아 쪽에서 고대 어떤 기술자가 신라에 영향을 미쳤던 게 아닌가, 그런 생각까지 하게 됐습니다."

실크로드를 오갔을 양측 고대인들의 발자취를 떠올리니 이찬칼라가 더욱 경이롭게 다가왔다.

지난겨울에 둘러봤던 칼타 미노르 미나렛이며, 그 곁의 무함마드 아

독특한 모양의 이찬칼라 성벽을 지나는 신랑 신부

민 칸 마드라사며, 212개의 실내 기둥이 인상적인 주마 모스크 등 모든 유적지가 제자리를 지키고 있었다. 또 히바 최고의 화려함을 뽐내는 '타시 하울리 궁전'과 히바 성지 순례의 랜드마크인 '파흘라반 무함마드 영묘'와 오래된 궁전이란 이름의 '쿠냐 아르크' 역시 유럽 관광객들의 여행 인증샷 명소로 기능하며 여전히 그 모습 그대로였다.

하지만 겨울에 봤던 이들 모습이 1990년대 컬러 영상이었다면 6개월 만에 다시 본 여름 히바는 완전 풀HD 시네마스코프였다. 자연 조명 때문이었다. 작열하는 태양으로 모스크의 푸른 돔은 더욱 푸르게 빛났고, 칼타 미노르 미나렛의 에메랄드빛 타일들도 층층이 다르게 굴절되는 광선의 원초적인 속성과 어울리며 지상 최대의 환상적인 예술체로 거듭났다. 레드(R)와 그린(G)과 블루(B)를 빛의 3원색이라 했던가? 이찬칼라 모든 건축물의 화려한 아라베스크 문양을 바라보며 나는 빛의 3원색이 그것들을 입체적으로 변화시키고, 빛과 만난 문양들이 한 치의 겹침도 없이 제각각 자신만의 독창적인 예술미를 뽐낸다는 사실을 알게 됐다.

히바를 제대로 느끼려면 하루 세 번을 보라는 말이 있다. 이른 아침 해 뜰 무렵의 히바와 한낮, 그리고 저물녘의 히바를 봐야 이찬칼라가 온전히 보인다는 얘기였다. 이번 여정을 통해서는 한낮의 히바를 즐겼다. 뒷날 다시 찾는다면 봄이나 가을쯤이었으면 좋겠다. 가능하다면 일주일쯤 머물며 동틀 무렵과 해 질 무렵의 히바는 물론, 고성과 공존하는 이곳 사람들과 따뜻한 눈 맞춤도 하고 싶다.

이제 호텔로 돌아가야 할 시간이었다. 저녁 식사까지는 여유가 있었지

실드로드 교역지 히바를 찾아오는
실크로드 상인과 낙타들

만, 더위를 먹은 것처럼 속이 메스꺼웠다. 너무 많이 걷다 보니 몸도 피곤했다. 이날 낮 최고 기온은 50도를 넘어섰다. 복사열까지 보태자면 가히 살인적인 더위였다.

이튿날 이른 새벽, 히바를 떠나기 전 문득 시 한 편이 떠올랐다. 원동우 시인의 〈골디락스〉란 시였다. '염소 닮은 구름'이 그랬고, '시인이 태어나면 우물 하나씩 생기는 마을에 오래된 동전이나 화병을 파는 가게가 있을 테고 사람을 하늘이라 부르는 순한 노인들'의 이미지가 꼭 히바였다. 시 제목 골디락스는 '지구와 유사한 환경의 우주 어떤 별'이라 했다.

염소 닮은 구름이 떠 있고
평생 뜯어 먹어도 모자람 없을 초원과
따뜻한 사막에 꽃이 지천일 게다
바다가 강이 되어 물고기떼 키우는 그 별에선
생긴 대로 일생을 보내는 돌들과
돌을 깔고 잠드는 숲의 나무들이
아침이면 안개를 뿜어댈 테지

누군가 숨어 살 게야, 그 별에도
시인이 태어나면 우물 하나씩 생기는 마을에
오래된 동전이나 화병을 파는 가게가 있을 테고

사람을 하늘이라 부르는 순한 노인들이

동굴 벽에 새겨 놓았겠지

한 사람이 조용히 죽어갈 때

천공의 은하도 빛을 잃는다는 전설

아직은 숨어 있거라 너라는 별, 초라한

사내들이 일터로 몸을 내미는 새벽

자전을 멈추고 네 그림자에서 나오지 말아다오

다행이다, 고마운 말을 적을 수 있도록

속지를 지닌 세상의 모든 책처럼

제 맘대로 찬바람 부는 길 위에서

첫차를 기다리며 하늘을 보는 우리처럼

사람을 그리워하는 누군가

어느 별엔가 있으리라는 위안

누구도 갈 수 없어

아직은 꿈이라 불리는 너, 골디락스여

— 원동우 시 〈골디락스〉 전문

'사내들이 일터로 몸을 내미는 새벽', 우리 일행을 태운 버스는 히바 고성을 출발했다. 7시간을 달려야 부하라에 닿을 수 있다고 했다. 히바에서 부하라까지는 500km로, 제법 먼 길이다. 경부京釜선 정도의 거리지만 키질쿰사막을 뚫고 가는 여정이라 한나절 이상이 소요됐다. 그래서 서둘러야 했던 이른 시간, '오래된 동전이나 화병을 파는 가게'들은 아직 문을 닫고 있었지만, 새벽 일찍 산책을 나온 '사람을 하늘이라 부르는 순한 노인들'이 손을 흔들어주는 바람에 떠나는 길이 덜 아쉬웠다.

이찬칼라를 떠난 지 얼마 뒤, 아직 잠이 덜 깬 탓인지 스르르 눈이 감겼다. 주변 역시 대부분 고요했다. 누군가는 밤새 주고받은 보드카의 취기로 7시간을 견뎌낼 것이었고, 누군가는 자다 깨다를 반복하며 지루한 여정을 극복할 것이었다.

얼마쯤 달렸을까? 까무룩 잠이 들었다 눈을 뜨니 버스가 덜컹거리며 키질쿰사막 한복판을 내달리고 있었다. 주위는 여전히 고요했다. 대부분 깊은 잠에 빠져들어 아득한 사막 횡단로의 특별한 풍경을 놓치고들 있었다.

8시도 안 됐는데 벌써 아침 햇살이 강렬했다. 커튼을 활짝 젖혀야 시야를 넓게 확보할 수 있다. 하지만 자는 사람들의 눈치가 보여 커튼 아랫자락을 접어 겨우 눈만 빼꼼 내밀었다. 출발할 때 가이드가 얘기한 대로라면 이제 한 시간쯤을 더 달리면 휴게소에 정차하게 된다. 그때 내려서 실컷 보자, 정차 시간만 길어진다면 사막 길도 걸어보리라 마음먹으며 모래벌판으로 시선을 고정했다.

아무다리야 강변의 시골 마을

　겨울 여행 때 하늘에서 내려다봤던 사막과는 완전히 다른 분위기였다. 붉은 모래밭은 초록빛의 삭사울로 덮였고, 사막 길엔 이따금 소 떼와 양 떼가 출몰하기도 했다. 그리고 미류나무에 둘러 싸인 민가 저쪽 뒤편엔 아무다리야강이 흘렀고, 웅덩이에서 수영하던 아이들은 관광버스 행렬을 보자 뛰어나와 손을 흔들며 환호성을 내질렀다. 신기했다. 사막 동네에서 수영하는 아이들과 모래밭을 어슬렁거리는 양 떼라니. 흡사 신기루를 보는 듯했다. 그러나 사막의 낭만은 잠깐이었고 무거운 역사적 현장은 가까이 있었다.

우즈베키스탄 시골길 어디에나 있는 소 떼

여음 餘音

김삼환

도슬릭 강변에 떠도는 소리들은
각각 자기의 음역에서 높낮이를 조절한다.
어떤 소리는 너무 높아서
멀리 날아가는 모습이 보이지 않고
어떤 소리는 너무 낮아서
내 발 앞에 머문다.
높은 소리는 바람을 따라 지나가는 흔적을 남기지만
낮은 소리는 나와 동행하며 내 말의 어원을 찾아준다.
강변은 소리를 만들어내는 나름의 풍경이 있다.
풍경을 배경으로 하는 소리는
높지도 않고 낮지도 않아서
나는 눈으로 풍경을 보면서
거기서 나오는 소리의 고저를 분간하려고 애쓴다.
내가 강변을 걷고 있는 동안
나의 청각에 잡히는 소리들은 분주하다.
높은 소리이든 낮은 소리이든
각각 머무는 영역에서
장애물을 걷어내려 애쓰기도 하고
잠시 비상을 꿈꾸기도 한다.
모스크 사원의 옥색 지붕 위로 맑은 햇볕이 통과할 때
푸른 하늘과 모스크 사원 벽의
아라베스크 문양이 부딪혀 내는 소리가 반짝인다.
이맘의 기도 소리가 사위로 퍼져나가는 동안

푸른 하늘에 그 소리의 꼬리들이 길게 이어진다.
모스크 앞을 지나는 사람들의 마음 안에
마지막 소리의 여음이 자리 잡는다.
기도 소리의 파장이 옅어질 때까지
사원의 지붕을 통과하는 햇볕도 숨을 멈추고 움직이지 않는다.
기도 소리의 음역 안에서
강변의 새들은 적막을 줍고 있다.
두 발을 땅에 딛고 있거나
날개를 퍼덕거리며 날아오르거나
새들의 몸짓은 고요오- 적막 안에 머물고 있다.
기도 소리가 멈출 때를 기다려
강 건너편에서 이편으로 날아오거나
이쪽에서 강 건너편으로 날아가기를 반복할 뿐
오고 갈 때 복잡한 계산서를 깃 속에 넣어놓고 날지 않는다.
강변의 새들은 눈이 좋아서
시간을 안고 흐르는 믈의 속도를 따라잡지 않는다.
강물이 소리 내지 않고 흘러가더라도
그저 멀어지는 모습을 지켜볼 뿐이다.
모스크의 옥색 지붕을 통과하는 햇볕이
푸른 하늘르 사라지면서 내는 소리가
이맘의 기도로 길게 이어진다.

김삼환 | 1992년 《한국시조》 신인상(시조), 1994년 월간 《현대시학》 시 추천을 받았다. 시집으로 《적막을 줍는 새》, 《풍경인의 무늬 여행》, 《비등점》, 《뿌리는 아직도 흙에 닿지 못하여》, 《왜가리 필법》, 《묵언의 힘》, 시사진집(공저, 사진가 유병용)으로 《따뜻한 손》, 《우아한 반칙》 등이 있다. 〈역류〉 동인으로 활동하고 있으며, KOICA 국제봉사단원으로 파견되어 우즈베키스탄의 서부 도시 누쿠스의 카라칼팍극립대학교에서 한국어를 가르쳤다.

우즈베키스탄과 투르크메니스탄 사이를 흐르는 아무다리야강

시골 마을 웅덩이에서 멱을 감는 아이들

현실의 사막은 그렇게 낭만적이지 않다는 걸 알게 된 건 데이비드 린 감독의 영화 〈아라비아의 로렌스〉를 보고 나서였다. 실존 인물인 토마스 에드워드 로렌스의 일대기를 소재로 한 영화 〈아라비아의 로렌스〉에서는 피터 오툴, 오마 샤리프, 앤서니 퀸 등 당대 최고 배우들의 명연기도 인상적이었지만, 눈을 사로잡은 건 엄청난 길이의 사막 신이었다. 3시간 37분짜리 영화 중 1시간 동안 낙타를 타고 사막을 이동하는 장면이 나오는데 대부분 전쟁과 관련한 이야기였다.

사막으로 깊숙이 들어설수록 생각도 깊어졌다. 알렉산더와 칭기즈칸은 이 광활한 사막을 건너 히바와 부하라와 사마르칸트를 점령하곤 실크로드를 장악했다. 여수는 유다 사막에서 40일 동안의 금식기도를 거쳐 복음 전파의 토대를 만들었다. 또 무함마드는 사막의 도시 메카에서 태어나 성장한 뒤 이슬람제국을 건설했다. 조로아스터교 역시 키질쿰과 카라쿰사막을 배경으로 성장했다.

그러고 보면 사막은 제국 신화의 서막이자 종교의 시원이었다. 사막은 영어로 'Desert(데저트)'다. 이는 '버려진 땅'이란 의미의 라틴어에서 파생됐다. 제국의 본질은 광기 어린 욕망이다. 오아시스 도시를 제패한 자가 세계를 제패했다. 그렇다 보니 숱한 말발굽이 사막을 가로질러 오아시스를 핏빛으로 물들였다. 종교의 본질은 구원이다. 혹은 나약한 인간의 마지막 버팀목이다. 그런데 버려진 땅에서 제국이 열렸고, 구원과 버팀목의 창세기가 열렸다는 것은 무엇을 뜻하는 것일까?

나는 가도 가도 끝없는 키질쿰사막을 지나가며 여러 생각에 젖었다가 어느 순간 정호승의 시 한 편을 떠올렸다. 〈마음의 사막〉이란 시였다.

별똥 하나가 성호를 긋고 지나간다
낙타 한 마리가 무릎을 꿇고 기도한 지는 이미 오래다
별똥은 무슨 죄가 그리 많아서 저리도 황급히 사라지고
낙타는 무슨 죄가 그리 많아서 평생을 무릎조차 펴지 못하는가
다시 별똥 하나가 성호를 긋고 지구 밖으로 떨어진다
위경련을 일으키며 멀리 녹두꽃 떨어지는 소리가 들린다
머리맡에 비수 한 자루 두고 잠이 드는 사막의 밤

초승달이 고개를 숙이고 시퍼렇게 칼을 갈고 앉아 있다
인생은 때때로 기도 속에 있지 않다
너의 영혼을 어루만지기 위해서는 침묵이 필요하다

— 정호승 시 〈마음의 사막〉 전문

결론부터 말하면 이번 육로 여정도 절반은 실패다. 관광버스가 한 차례 휴게소에 멈췄지만 10분 정차가 다였다.
나는 그 틈에 가까운 사구로 뛰어가 사진 몇 장을 건진 게 휴게소 정차

의 알량한 수확이었다. 사막 길을 호젓하게 걸어보겠다던 계획은 애초부터 무리였다. 단체 여행에서는 그런 꿈조차 갖지 말아야 했다.

"여러분, 이제 30분 정도면 부하라에 도착할 것 같습니다. 부하라도 히바만큼이나 뜨겁습니다. 선글라스와 긴팔 웃도리 미리 준비하세요. 그리고 덥다고 찬물 많이 마시면 배탈납니다. 조심해주세요."

휴게소를 거친 지 한 시간쯤 지났을 때 가이드가 한동안의 정적을 깼다.

오후 여행 코스는 지난겨울 여행 때와 비슷했다 1,500년가량의 역사를 자랑하는 아르크 고성과 부하라의 랜드마크인 칼란 미나렛, 중앙아

히바에서 부하라로 가는 길목에서

아르크 고성 성벽

갈란 미나렛 외부 벽면

칼란 미나렛이 있는
포이칼란 단지

우즈베키스탄 전통 인형

우즈베키스탄 실크 스카프

시아에서 가장 오래된 신학교로 명망 높은 울루그벡 마드라사, 건축미가 뛰어나 여행자들의 시선을 끄는 이스마일 샤마니 영묘, 그리고 500년 전 건축된 이슬람 정통 신학교 나지르 지반베기 마드라사 등이 오후에 둘러볼 유적지들이라고 가이드가 사전 정보를 제공했다.

"먼 길을 달려오시느라 수고 많으셨습니다. 많이들 피곤하실 텐데, 이제 부하라까지는 얼마 남지 않았습니다. 지루하시더라도 조금만 더 참아주시면 감사하겠고요, 저만 이렇게 마이크를 잡을 게 아니고 여러분께서도 한 말씀 해주시면 좋겠는데, 먼저 이 버스에 우즈베키스탄 전문 기자님이 타고 계시니까 그분께 마이크를 넘겨 한 말씀 들어보면 어떨까요? 여러분 박수로 환영해주시면 감사하겠습니다."

기습적이었다. 아무 생각 없이 창밖을 바라보다 갑작스럽게 박수를 받고 보니 조금은 당황했다. 그러나 어쩌랴. 엉덩이도 아프던 참에 기회가 주어졌으니 몸이라도 풀겠다는 생각으로 벌떡 일어나 마이크를 잡았다.

"여러분, 이제까지 한국에 살면서도 그랬고, 또는 며칠 뒤 한국으로 돌아가서도 매일매일 우리는 우즈베키스탄의 물과 바람과 햇살을 만지게 될 텐데 그 이유를 짐작하십니까?"

나는 눈가에 웃음기를 머금은 채 좌중을 둘러봤다. 일행은 무슨 뜬금없는 농담인가 갸웃거리면서 나의 다음 말을 기다렸다. 모두가 호기심 어린 눈빛들이다. 나는 그런 눈빛들과 마주치며 여유 있게 1만 원짜리 한 장을 꺼내 일행 앞에 흔들었다.

"여러분, 이 돈을 조폐공사에서 찍고 있지요? 그런데 이 돈을 찍는 펄프가 100% 이곳 우즈베키스탄에서 생산된다는 사실을 아시나요? 네, 그렇습니다. 우리가 매일 만지는 종이돈의 고향이 이곳 우즈베키스탄입니다. 여러분이 출국 전에 묵을 타슈켄트 인근에 조폐공사 자회사가 있습니다. 2010년에 만든 공장인데 거기서 면 펄프를 생산합니다. 지폐는 종이 펄프로 찍지 않습니다. 종이로 찍으면 세탁기에 한 번만 들어가도 흔적도 없이 사라지고, 몇 번만 접었다 폈다 하면 금방 찢어집니다. 그래서 면 펄프를 사용하는 것입니다."

일행이 고개를 끄덕였다. 일부는 지갑을 열어 지폐를 살펴보기도 했다. 처음 듣는 정보라 신기하다는 눈빛이 역력했다.

"아, 그렇군요. 여기는 목화가 많이 나오니까 조폐공사가 여기다 공장을 차렸군요."

"허 참, 신기하네. 이제 돌아가서도 지폐 만질 때마다 여기 생각이 더 나겠어."

"그럼, 우리나라 조폐공사가 외국에 면 펄프를 수출해서 수익을 내고 있다는 것도 다 여기서 생산하는 펄프군요?"

반응과 질문들이 한꺼번에 쏟아졌다.

"네 맞습니다. 모두 여기에서 생산되는 펄프입니다. 여기서 생산된 제품은 한국뿐 아니라 러시아, 스페인 등 12개 나라로 수출도 하고 있습니다. 면 펄프는 목화씨에 붙어 있는 짧은 면섬유, 즉 '린터'라는 걸 모아서 각종 이물질을 털어내고 화학적인 공정을 거쳐 만듭니다. 그래서 제가 우리는 매일 우즈베키스탄의 물과 바람과 햇살을 만지고 있다는 말씀을

드렸던 건데, 그게 무슨 말인지 이제 이해되시지요?"

나의 화답 요청에 일행은 수학여행지의 학생들처럼 "네" 하고 대답했다. 이어 박수 소리가 요란했다. '역시, 기자님'이란 칭찬을 들으며 자리로 돌아와 앉다 보니 멀리 부하라 시가지가 보였다. 키질쿰사막을 가로지른 500km가량의 긴 여정이 마무리되는 순간이었다.

히바로 시작한 국제로타리 3590지구와 경상대병원 의료봉사단의 여름 투어 여정은 이후 부하라와 사마르칸트를 거쳐 타슈켄트에서 막을 내렸다. 지난번 겨울 여행과 같은 코스였다. 다만 그때보다는 규모가 작아 나름 알찬 여행이 됐다. 부하라에서는 라비하우즈의 저녁 식사가 근사했다. 연못가 카페에서 시원한 물줄기를 바라보며 흥겨운 음악과 함께 반주까지 곁들이며 7시간을 달려온 피로를 말끔하게 해소할 수 있었다.

사마르칸트 여정도 즐거웠다. 지난 여행과 마찬가지로 이번에도 일행은 아프라시압 박물관의 고구려 사신도에 깊은 흥미를 느꼈다. 일부는 또 울르그벡 천문대 터를 바라보며 천문학에 대한 울르그벡의 깊은 조예와 키질쿰사막의 연관성을 따져보기도 했다. 달과 별은 사막의 나침반이자 내비게이션이기 때문에 예로부터 천문학과 수학의 발전은 사막 문화권의 필수 조건이었다는 논리였다.

나는 겨울 여행에서 스치고 지나갔던 마드라사들의 아름다운 문양에 관심이 갔다. 히바만큼의 강렬한 태양은 아니었지만 뜨거운 여름 햇살을 받은 비비하눔 모스크의 주름 잡힌 줄무늬 돔에 매료돼 이슬람 건축

레기스탄 광장을 사랑하는 우즈베크 사람들

에 대해 새로운 눈을 뜨게 됐다. 특히 코란 문구로 장식한 구르에 아미르의 외관에서는 경외감이 강렬했고, 시대를 달리해 지은 레기스탄 광장의 마드라사들에서는 조화와 균형이 빚은 화려함과 엄숙함이 나의 미적 감흥을 자극했다.

2018년 1월 겨울 여행과 8월 여름 여행 이후에도 나는 여러 번 사마르칸트를 찾았고, 코로나 팬데믹 직전인 2019년 한 해 동안 타슈켄트도 여러 차례 방문했다. 그때마다 사마르칸트는 나의 단골 휴식처가 됐다. 마침 2018년 겨울 경영난으로 잡지사가 문을 닫는 바람에 원고 마감 걱정 없이 우즈베키스탄을 드나들 수 있었다.

우즈베키스탄의 과일 텅야(위)와 석류(아래)

복숭아(위)와 멜론(아래)

구르에 아미르 실내 벽면 장식

샤히진다

한국영화진흥위원회가 주관했던 '찾아가는 청년 고려인 영화아카데미(7. 22~8. 9)' 현지 코디를 맡아 3주가량 머물렀을 때도, MBC 특집 프로그램 '겨레말모이' 우즈베키스탄 촬영 코디(9. 11~17)를 맡아 일주일쯤 다녀왔을 때도, 이어 제1회 타슈켄트 국제도서전(10. 1~4) 한국관 디렉터를 맡아 보름 만에 다시 현지 출장길에 올랐을 때도, 그밖에 소소한 일들로 타슈켄트를 갈 때마다 나는 어떻게든 일정을 만들어 사마르칸트행 아드라시압 열차에 오르곤 했다.

이번 책의 막바지 작업을 하면서도 2023년 3월 26일부터 31일까지 사마르칸트를 다녀왔다. 코이카가 ODA 사업의 하나로 우즈베키스탄에 화학단지를 조성해주고 있다. 프로젝트의 중심축은 한국화학연구원(실무)과 현대아산(행정)이다. 특히 한국화학연구원은 우수한 화학 전문 인력들을 양성하기 위해 우즈베키스탄의 화학전공 학생들을 한국으로 초청해 학비 전액과 생활비까지 제공해주며 석·박사 학위 과정을 지원하는 일을 하고 있다. 그 국비 장학생들을 선발하는 현지 입학설명회 프로젝트에 참여하게 됐다. 이번 방문은 6월 말로 예정된 입학설명회에 앞서 타슈켄트 및 사마르칸트 대학들과 사전 조율을 하기 위해서였다.

이렇듯 2018년 여름 여행에서 사마르칸트의 이슬람 유적지에 꽂힌 이유는 한 편의 애니메이션 때문이었다.

◁ 타슈켄트에 있는 아미르 티무르 박물관 내부 모습

첫 번째 우즈베키스탄 여행에서 돌아온 후 아들에게서 유튜브에 올라와 있는 영화 한 편을 추천받았는데 〈아주르와 아스마르〉라는 애니메이션이었다. 프랑스 애니메이션 감독 미셸 오슬로는 하얀 피부의 아주르와 검은 피부의 아스마르라는 두 소년의 성장 이야기를 통해 유럽과 아시아, 기독교 문화와 이슬람 문화의 이해와 조화를 이야기하고 있었다.

내용과 음악만으로도 감동이었으나 영화를 보는 내내 내 시선을 잡아끈 건 이슬람 문양의 정수라고 말하는 아라베스크 문양이었다. 〈아주르와 아스마르〉는 영화 시작부터 끝까지 강렬한 빛과 색채 그리고 화려하고 기하학적인 무늬가 압권인 아라베스크 문양이 화면 전체를 채우고 있었다.

나는 영화를 보는 내내 단 1초도 화면에서 눈을 뗄 수 없었다. 미셸 오슬로 감독은 실제 이슬람 문화와 비슷한 모습을 그려내기 위해 직접 안달루시아 지방과 이스탄불을 방문하고 많은 고증 서적 등을 참고해 이슬람 문화 고유의 모습을 정확히 그려내느라 엄청난 노력을 기울였다고 했다. 미셸 오슬로 감독 덕분에 나는 아라베스크 문양의 매력과 아랍어 서체의 아름다움에 조금 눈을 뜨게 되었다.

그 뒤 사마르칸트를 다시 찾았을 때 나는 많은 것을 다시 보게 됐다. 오늘날 캘리그라피로 발전한 문자 문양을 찾아보는 재미가 쏠쏠했고,

◁ 아미르 티무르 박물관 지붕

이슬람 문양의 정수, 아라베스크 문양

황금, 아라베스크 문양, 아랍어 서체의 조화

◁ 푸른 돔과 아라베스크 문양이 조화롭게 빛나는 사마르칸트의 모스크
△ 사람의 손길이 닿은 모든 건축물에는 반드시 있는 아라베스크 문양

수학적인 사색을 디자인 영역으로 재창조한 기하학적인 문양들만을 찾아 나선 주제 여행도 또 다른 재미를 줬다. 그리고 때론 식물 문양만을 관찰하기도 했고, 복잡하게 얽힌 외벽의 여러 넝쿨 문양들에서 숨은 그림 찾듯 별빛 패턴만을 찾아 그 부분을 카메라에 담아보는 셔터 여행을 즐겨보기도 했다.

기독교와 마찬가지로 이슬람도 엄격하게 우상숭배를 금한다. 인물과 동물 문양을 금지하는 이유도 거기에서 비롯됐다. 그러다보니 디자인적인 요소를 다른 것들로 채웠다. 다양한 식물들과 꽃과 넝쿨과 별과 초승달 등 자연에서 얻을 수 있는 무수한 소재들이 예술가들의 영감을 거쳐 작품 속으로 들어왔다.

아랍문화권은 일찍부터 수학이 발전했다. 지구촌 사람들 대다수가 사용하는 아라비아 숫자가 이를 증명한다. 수학적인 사유가 발달하며 직선과 직각과 곡선을 이용한 좌우대칭의 문양을 예술적으로 승화시켰고, 꽃과 꽃 사이를 넝쿨로 이어 장식적인 표현미를 극대화하는 예술혼을 발휘하기도 했다. 그리고 이들 모두를 이슬람 건축의 벽면 디자인으로 활용해 '아라베스크 문양'이라는 독특한 장르를 개척했다.

이슬람의 상징색은 녹색과 청색과 갈색과 흰색과 검은색이라고 한다. 사막 지대에는 나무가 귀하다. 그래서 초록 계열의 나뭇잎 색을 사람들이 선호한다. 또 푸른색은 사막의 밤하늘을 상징한다. 그밖에 갈색은 사막의 누런 모래벌판을, 하얀색과 검은색은 작열하는 태양과 모래 폭풍을 막아주는 상징색이 됐다. 이들 색감의 조합과 자연에서 얻은 다양한 소재들이 조화롭게 어울리며 아라베스크 문양의 조형미를 연출했다. 이는 이슬람교가 창시된 7세기 이후 세계 곳곳으로 흘러들어 오늘날 이슬람 문명사의 대표적인 아이콘으로 정착됐다.

나는 오는 5월 7일 우즈베키스탄을 다시 방문한다. 7박 9일의 일정으로 가는 이번 여행은 조금 특별하다. 하나투어가 내 이름을 붙여 만든 '최희영 작가와 함께 떠나는 우즈베키스탄 인문 여행'의 첫 론칭이기 때문이다. 그 여정 중에는 당연히 사마르칸트도 포함되어 있다. 그곳에서 다시 만나게 될 아라베스크 문양들에서 나는 또 어떤 즐거움을 맛보게 될까? 이번 여행에는 《우즈베키스탄에 끌히다》 개정판도 함께 들고 갈 수 있어 더없이 행복하다.

제3장
우즈베키스탄 오지 여행

천산산맥 너머 첫 동네-페르가나 밸리
'배들의 무덤' 아랄해-무이낙
우즈베키스탄 생태관광의 보고-지작
아미르 티무르제국의 본향-샤흐리샵스
아프가니스탄과의 국경지대, 고대 불교 유적지-테르메즈

페르가나 밸리

천산산맥 너머 첫 동네

페르가나 지역은 '황금 계곡', '흙 속의 진주', '중앙아시아의 보석'이라고 불린다. 우즈베키스탄의 동부 지역에 위치하며 사방이 4,000m급의 산맥(북쪽은 천산산맥, 남쪽은 알라이산맥)으로 둘러싸여 '거대한 사발' 모양을 하고 있다. 전체 면적이 약 18,300㎢이며, 현재는 나망간주, 페르가나주, 안디잔주가 위치하고 있다. 기후와 토양이 좋고 물이 풍부해 우즈베키스탄 경제의 핵심을 이룬다. 우즈베키스탄 전 국토의 4%밖에 안 되지만 인구의 약 30%가 집중되어 있다. 중앙아시아에서 인구 밀도가 가장 높은 지역이다.

우즈베키스탄 주재 한국대사관 홈페이지에 소개된 글이다. 2018년 3월 경제사절단과 함께 찾았던 이곳을 같은 해 9월에 다시 여행했다. 3월 방문 때는 코칸트 자유경제구역을 돌아보고 현지 경제인들과 비즈니스 포럼을 개최하는 등 프로그램 전 과정이 경제교류 중심으로 진행돼 동행 취재에 나섰던 나 또한 그 일정에 파묻혔다. 그랬기에 여행지를 둘러볼 여유가 없어 속상했다. 정작 보고 싶었던 페르가나의 속살 마르길란과 리쉬탄, 우즈베키스탄 근대사의 또 다른 상징적 공간인 코칸트 칸국의 흔적 등을 가까이 두고도 못 만났던 아쉬움이 컸다.

6개월 만에 다시 찾은 페르가나는 마침 추석 전야였다. 둥근 보름달이 휘영청 밝았다. 페르가나 사람들이 보는 달빛의 감흥은 남다르다. 지구에서 38만km쯤 떨어진 그 달 표면 어디엔가 페르가나 지명의 유래가 된 이름이 있어서다.

달 탐사가 시작된 이래 국제천문연맹은 달 표면 하나하나에 유명 천문학자의 이름을 붙여왔다. 그중 한 곳에 페르가나 지명의 유래가 된 이 지역 출신 천문학자 '아흐마드 알 파르가니'의 이름이 붙어 있다. 다음이 그와 관련된 정보로, 이 역시 우즈베키스탄 주재 한국대사관 홈페이지에 소개된 글이다.

우즈베크어로 '파르고나'라고 불리는 페르가나 지명은 '아흐마드 알 파르가니Ahmad al Farghani'에서 나왔다. 그는 797년 우즈베키스탄의 페르가나 지역에서 태어난 중세 유명 천문학자다. 서양에서는 알프라가누스Alfraganus로 알려졌으며, 압바스왕조 시대에 바그다드의 천문대에서 일했고, 칼리프 마문이 지은 《지혜의 집House of wisdom》의 천문학자 중 한 명이다. 저서로는 《별의 학문과 천

페르가나 가는 길

체 운동의 요소》,《천문학 개론》 등이 있다. 특히 《천문학 개론》은 중세기에 라틴어로 번역되어 유럽에 널리 알려졌다.

"저기 좀 봐요. 외국 관광객이 끊이지 않고 오지요? 어떤 외국인은 마르길란을 보려고 우즈베키스탄에 온다고 해요. 특히 비단 제작 전 과정을 체험할 수 있는 곳이라 외국 관광객에게 아주 인기가 많은 곳입니다."

동행한 우즈베키스탄의 작가 사잇가니에바 씨가 실크 제작 명소인 요드골릭 팩토리 입구에서부터 환한 표정으로 설명을 이어갔다.

이 비단 생산 공장은 지구촌 여행책 《론리 플래닛》 '중앙아시아 편'에도 실렸다. 기원전 1세기부터 비단을 짜왔다는 이 마을에서는 전통 방식

요드골릭 팩토리에서 마르길란 실크스카프를 두른 여성들

으로 비단을 생산하는 모습을 직접 볼 수 있다. 물레를 이용해 누에고치에서 실을 뽑고, 염색하고, 수를 놓는 모습과 현장에서 실크 제품을 사서 걸친 모습까지 인스타그램과 페이스북 등을 통해 거의 실시간으로 중계되다 보니 그 유명세가 더욱 확대 재생산된다.

그 이웃에는 마르길란 공예발전센터도 있다. 지난 2007년 이 지역 공예 장인들을 돕기 위해 유네스코가 지원해 설립한 공공기관이다. 이 센터는 실크와 양모 카펫 직조술, 이캇 직조술, 활판 인쇄술, 자수 등의 공예 기법을 교육하고 지역 공예 장인들의 전통을 되살리기 위해 설립됐다.

이 센터는 2015년 2월과 9월 한국 유네스코위원회의 지원으로 한국

마르길란의 실크 제작소

물레를 이용해 누에고치에서 실을 뽑는 여성

카펫을 짜는 여성

리쉬탄을 대표하는 푸른색 도자기

공예가들이 이곳을 방문해 두 차례의 워크숍을 갖는 등 한국과의 교류에도 적극적이다. 또 2015년과 2016년에는 서울 삼성동 코엑스에서 열린 '한국공예트렌드페어'에 참가했을 만큼 한국과의 인연도 깊다.

마르길란을 뒤로하고 이어 들른 곳은 도자기의 본고장 리쉬탄이다. 페르가나 시내에서 서북 방향으로 길을 잡아 코칸트로 가는 길목에 있는 이 도시는 중앙아시아 최대 도자기 마을이다.

"2017년 11월 미르지요예프 대통령의 관광 육성 정책에 따라 지역 자치 브랜드 제도가 처음 도입됐습니다. 이 제도는 국가 전체의 관광산업 활성화를 위해 각 지역 고유의 특성을 살려 더 많은 외국인 관광객을 유치하자는 정책입니다. 그 첫 프로젝트가 페르가나 관광상품 개발입니

전통적인 방법을 이어가는 리쉬탄 도자기

다. 마르길란의 전통 수공예 상품과 리쉬탄의 도자기 공예 상품이 우즈베키스탄 최초의 지역 자치 브랜드로 선정된 것입니다."

리쉬탄으로 가는 길, 페르가나 주정부 직원은 리쉬탄에서 생산될 도자기는 유럽에서도 인기가 좋다고 소개했다. 그러면서 최근 미국과 유럽, 일본, 러시아 등의 여러 방송에서도 큰 관심을 갖고 취재를 다녀갔다고 자랑했다.

2,000명가량의 도공들이 한 해 500만 점 이상의 도자기를 생산해 국내 시장은 물론 유럽과 일본, 북미 등으로 수출하는 이 지역의 도예 역사는 800년도 넘었다. 가장 전성기였던 19세기 후반부터 20세기 초반까지는 이 지역 모든 사람이 도공이었다는 이야기도 전해진다.

리쉬탄 도자기의 특징은 밝은 톤의 청록 색상이다. 이 지역에서만 채취되는 붉은색 진흙으로 빚은 도자기에 푸른 유약을 입혀 완성한다. 7세기부터 아버지가 아들에게, 아들이 다시 아들에게 전수해온 리쉬탄만의 도자기 제조 비법은 전 세계 도공들도 궁금해하는 특급 비밀이다.

마르길란의 보드라움에 취하고, 리쉬탄의 영롱함에 홀려 본 뒤 이 지역의 태곳적 전설까지 가슴에 담을 여유가 생겼다면, 두어 시간쯤 북쪽으로 달려가 만나볼 만한 고대 유적지가 있다. 바로 아크시켄트 성터이다. 아크시켄트 성터는 페르가나 시내로부터 북쪽으로 100km쯤 떨어진 나망간주 외곽에 있다. 거리가 멀어 이곳을 관광지로 소개하기에는 무리가 있지만, 역사적 기록은 전하고 싶다.

아크시켄트는 한혈마汗血馬로 유명했던 대완국大宛國의 고대 토성이다. 핏빛 땀을 흘리면서도 쉬지 않고 하루에 천 리를 달렸다는 한혈마. 대완국은 이 명마를 최대 무기로 기원전 페르가나 밸리 지역에 고대 국가를 세웠다. 하지만 아이러니하게도 이 고대 국가는 전설적인 명마 때문에 역사 속으로 사라졌다. 한혈마를 탐냈던 한 무제에 의해 기원전 102년 멸망한 것.

"아주 오랫동안 방치되어왔습니다. 조금씩 무너져 내려 이 앞을 흐르는 시르다리야강 속으로 사라졌습니다. 그러다가 큰 지진을 겪으면서 완전히 훼손되어 최근에 복원을 서두르고 있습니다. 도성 안을 흐르던 수

◁ 아라베스크 문양의 도자기 채색

로 복원이 매우 중요한데, 어느 정도 가닥이 잡히고 있어 국내외 고고학계가 큰 관심을 갖고 있습니다."

구슬땀을 흘리며 복원 작업 중이던 한 고고학자는 이렇게 설명했다.

"아미르 티무르제국 시대를 지나 중세 이후 우리 우즈베키스탄은 부하라 칸국과 히바 칸국, 그리고 코칸트 칸국 시대를 맞게 됩니다. 히바와 부하라가 지금의 우즈베키스탄 서부 지역을 맡았다면 코칸트 칸국은 동부 지역의 정치, 경제, 문화 중심지였습니다. 1740년에 세워져 140년가량의 역사를 이어갔던 코칸트 칸국은 페르가나 밸리의 큰 자존심입니다."

쿠드야르 궁전을 설명하던 현지 안내원의 말속에는 페르가나 밸리만의 자부심이 컸다.

쿠드야르는 1845년부터 1875년까지 코칸트 칸국을 다스렸던 인물이다. 1871년 그는 세라믹 모자이크로 장식한 화려한 외관과 골드 패턴의 높은 천장을 기본 축으로 호화로운 119칸의 방을 꾸미는 대역사를 마무리했다. 여기에 동원된 노동자만도 1만 6,000명이었다고 한다.

"현재는 박물관으로 쓰고 있습니다. 당시의 역사를 한눈에 알도록 여러 자료를 모아놓고 있습니다. 페르가나 시내에서 그리 멀지 않아 많은 관광객이 찾고, 미르지요예프 대통령 취임 이후 코칸트 자유경제구역이 조성되기 시작해 외국 경제인도 많이 찾습니다. 그중에는 한국인도 많습니다."

페르가나의 랜드 마크다운 화려함에 감탄할 무렵 안내원의 마무리 설명이 이어졌다.

이번 페르가나 여행을 떠나기 한 달 전쯤인 2018년 8월, 이 나라의 서부 오지인 카라칼파그스탄을 취재한 일이 있었다. 경상대 병원 의사들과 국제로타리 3710 지구 봉사단원들의 의료봉사 동행 취재였다. 그 여정에는 하나투어의 권희석 수석부회장도 포함돼 있었다. 카라칼파크스탄의 어느 저녁 식사 자리에서 대화가 이어졌다.

"우즈베키스탄 여행상품을 개발하는 중인데 걱정입니다. 히바와 부하라, 사마르칸트 등 우즈베키스탄 유명 여행지들을 돌아봤는데 대부분 이슬람 사원 일색이라 좀 그래요. 우즈베키스탄 전문가로서 색다른 여행지를 추천해주시면 좋겠는데 어디가 좋을까요?"

페르가나 여행을 마치고 타슈켄트로 가는 길, 한 달 전쯤 권 부회장과 나눴던 대화가 갑자기 생각났다. 한국으로 돌아가 다시 만난다면 할 이야기가 많을 것 같았다.

"우즈베크 동쪽에 있는 페르가나 밸리를 생각해보세요. 거기에서 답을 찾을 수 있을 거예요. 특히 수공예로 유명한 마르길란과 도자기로 유명한 리쉬탄 같은 데가 우리 여행자들의 구미와 잘 맞을 것 같으니 걱정하지 마세요. 사실 히바와 부하라, 사마르칸트 정도만 보고 우즈베키스탄을 다 보았다고 생각하면 오산입니다. 천산산맥을 끼고 있는 페르가나 밸리 쪽은 앞으로 개발이 무궁무진한 여행 보고입니다."

나는 외국인이 많이 찾는 마르길란과 리쉬탄의 전통 예술 지구를 설명하고, 나망간의 아크시켄트 성터와 코칸드 칸국 시대의 볼거리 등을 덧붙여 설명하면 그쯤의 눈빛이 반짝일 거라 생각했다. 게다가 페르가

코칸트 칸국의 상징, 쿠도야르 궁전

나망간주 아크시켄트 성터에서
유적을 발굴하는 모습

나 동물원 이야기도 빼놓을 수 없겠다. 동물 종류도 많지 않고 규모도 아주 작지만, 아이들에게 꿈과 희망을 안겨주고 싶어 2016년 개장했다는 이 동물원에서는 특이하게도 한국의 토종닭까지 볼 수 있다. 이번 여행길에서 그곳을 찾아 모처럼 동심으로 돌아가 즐거웠던 이야기들이며 아이들을 위한 여러 위락 시설이 잘 갖춰져 있더라는 이야기도 꼭 들려줄 만한 정보였다.

이 지역의 또 다른 자랑거리는 무굴제국을 창건했던 바부르다. 페르가나주, 나망간주와 함께 페르가나 밸리의 한 축을 이루는 안디잔주 출신으로 그는 인도에 거대 제국을 세웠던 세계사적인 인물이다.

봄과 가을, 결혼식이 많은 계절엔 안디잔에 있는 그의 동상 주변으로 하얀 웨딩드레스 차림의 우즈베키스탄 신혼 커플이 대거 몰려든다. 아미르 티무르의 후손다운 위풍당당함과 문학과 예술에도 능했다는 그의 인문적 혼을 대물림하고 싶다는 열망 때문이다.

페르가나 여행에 대한 팁 하나를 더 보태자면 이 지역은 유네스코 인류무형문화유산에도 등재된 카타 아슐라의 본고장이다. 이 전통 음악은 2017년 9월 '위대한 유산, 중앙아시아 다큐 3부작'이란 타이틀로 EBS를 통해 한국에도 소개되었다.

'큰 노래'라는 뜻의 카타 아슐라는 고된 수련 기간을 거쳐 스승으로부터 제자로 구전 전승된 전통 음악이다. 샤쉬마콤이 우즈베키스탄 전역의 정서를 반영한다면 카타 아슐라는 더욱 페르가나적이라는 특징을 갖고 있다. 즉 이 지역에서 오랫동안 살아왔던 다양한 민족의 정체성을

아크스 켄트 성터에서 발굴 관계자와

반영하고 있어 우즈베키스탄 정부와 페르가나 주정부는 젊은이들을 중심으로 카타 아슐라 축제와 경연대회를 여는 등 이 음악을 전승 보전하기 위해 여러 노력을 기울이고 있다.

페르가나 지역은 줄타기 곡예사들의 본고장이라는 점도 흥미를 끈다. 2017년 유네스코 아태무형유산센터가 개최했던 제4회 국제무형유산 영상 축제를 통해 우리나라에도 소개된 '우즈베키스탄의 줄타기' 작품은 페르가나를 배경으로 제작됐다. 이 지역의 줄타기 곡예사들을 소재로 만든 영상 작품이 말해주듯 현존하는 세계적 곡예사 대부분이 이 지역 출신이며 그들을 키워낸 스승들 역시 모두가 페르가나 계곡 출신이다.

'배들의 무덤' 아랄해

홀로 여행, 서부 오지 무이낙

\# 2018년 8월 13일, 여름 무이낙

"아랄해를 보고 싶습니다. 대한민국 의료진 취재에 동행하기로 결정했을 때부터 아랄해를 꼭 가봐야겠다고 생각했습니다. 그런데 여기 와서 보니 아랄해는 너무 멀고 가는 길도 막막합니다. 더군다나 제겐 시간이 별로 없습니다. 제가 그곳에 하루 만에 다녀올 수 있는 확실한 방법을 가르쳐주십시오."

국립 경상대학교 의료진의 카라칼파크스탄 자치공화국 의료봉사 현장을 취재하러 갔다가 카라칼파크스탄 자치공화국의 수반인 무사 에르니야조프 인터뷰를 마친 자리에서 나는 단도직입적으로 물었다. 수반과

아랄해 입구 무이낙

비서진들은 깜짝 놀란 표정으로 말했다.

"정말입니까? 우리 카라칼파크스탄의 아랄해를 보고 싶습니까? 한국의 여기자가 이곳 카라칼파크스탄까지 취재를 온 것도 놀라운데, 더군다나 우리 아랄해 문제에 관심을 갖고 있다니 정말 반갑고 고마운 일입니다. 취재에 필요한 모든 것을 도와드리고 싶습니다. 다만 아쉬운 것은 아랄해가 보이는 곳까지 다녀오려면 1박 2일은 잡아야 합니다. 내일 오후에 카라칼파크스탄을 떠나신다니 그건 불가능할 것 같습니다. 아쉬운 대로 이번에는 '배들의 무덤'으로 불리는 무이낙까지만 다녀오셔야겠습니다. 무이낙을 오가는 데만도 왕복 6시간이 걸립니다. 날씨도 섭씨 40도를 웃돕니다. 절대 기자님 혼자 보낼 순 없습니다."

'배들의 무덤'으로 불리는 무이낙의 옛 항구 자리

무사 수반에 이어 카라칼파크스탄 자치공화국 외교부 장관인 알자노프 씨가 말했다.

"마침 우리 카라칼파크스탄 외교부엔 아랄해를 오갈 수 있는 전용 지프와 기사가 항시 대기하고 있습니다. 내일 아침 6시까지 차를 호텔로 보내겠습니다."

운전기사는 순한 인상과 달리 운전이 엄청나게 난폭했다.

"오후 3시까지 돌아오려면 이럴 수밖에 없어요."

지프는 누쿠스 시내에서 무이낙까지 거의 공중 부양 상태로 달렸다. 통역가 쟈혼기르 씨와 나는 차 손잡이에 매달린 채 가끔 비명만 내지를 뿐이었다. 얼마나 빨리 달렸던지 3시간 걸릴 길을 2시간 만에 도착했다.

사진에서 본 그대로 무이낙의 풍경은 절망스러웠다. 사실 아침 6시에 길을 떠날 때만 해도 '옛 항구도시 무이낙', '배들의 무덤'이라는 표현을 떠올리며 낭만적인 상상을 전혀 하지 않았던 건 아니었다. 하지만 그곳에 도착한 순간, 오기 전 일말의 낭만을 떠올린 사실이 너무 부끄러웠다. 삼각뿔 모양의 기념탑은 단순 구조물이 아니었다. 지구 재앙의 위기를 알리는 상징탑이자 환경 보전의 중요성을 일깨우는 경고등이었다. 기념탑 아래로 펼쳐진 흉물스러운 폐선 무더기가 우리 일행의 시선을 제압했다.

"바로 이곳이 불과 몇십 년 전까지만 해도 지구상에서 4번째로 큰 내해였다고?"

눈으로 보고도 믿기질 않았다. 칠랴(40일의 폭염) 한복판의 무이낙은 지

아랄해의 옛 풍경, 만선

글지글 끓었고 모래펄에 갇힌 녹슨 배들은 시뻘겋게 달아올라 있었다.

"저기 멈춰 선 배 이름이 하필 부이니군요. 러시아어로 격렬한, 맹렬한, 몹시 거친, 그런 뜻을 가진 이름입니다. 아랄해 전성기에 거센 물살을 가르며 철갑상어 포획에 나섰을 고깃배가 그 거칠던 성질 다 죽이고 저렇듯 영원히 정박되어 있으니 오죽 답답할까, 그런 생각을 잠깐 했습니다."

통역가 쟈혼기르 씨가 입을 뗐다. 그는 아랄해 문제로 한국에서 석사 학위를 받은 우즈베키스탄 사람이었다. 〈중앙아시아 아랄해의 사막화

삼각뿔 모양의 기념탑

원인과 해결 방안〉이 그의 논문 제목이다.

1960년대까지만 해도 아랄해 면적은 대한민국의 70%쯤에 해당하는 6만 8,000㎢였다. 동서 너비 약 290km, 남북 최장 약 430km. 한반도 지형으로 따지자면 동서 길이는 인천-강릉 간 영동고속도로(234km)보다 길다. 남북 길이 역시 서울-부산 간 경부고속도로(416km)보다 조금 길다. 수심 또한 평균 16m로, 서해안 쪽의 최고 수심은 69m였다. 세계 4대 규모의 내해內海였다.

하지만 50년 만에 이 바다는 1/10 규모로 축소되었다. 그리고 그 자리를 모래사막이 점령했다. 무이낙까지 물이 찰랑대던 해안선은 200km쯤 북쪽으로 밀려났고, 수심 16m의 물속을 헤엄치던 철갑상어와 유럽잉어 등도 서서히 다른 어족과 함께 멸종됐다.

"이곳 무이낙은 우즈베키스탄 아랄해의 대표적인 항구도시로 명성이 대단했습니다. 통조림 공장에서 일하는 수많은 노동자와 어업 종사자로 밤낮없이 북적대던 전형적인 항구도시였지요. 그래서 중앙아시아는 물론이고 러시아에서도 찾아오는 관광객이 많았지요. 하지만 지금은 이곳에 오면서 보셨듯이 초라하기 그지없는 시골 마을로 퇴락하고 말았습니다. 저기 멈춰 선 어선들과 함께 말입니다."

미국 항공우주국NASA은 2018년 5월에 세계 19개 지역 수자원 문제의 심각성을 경고했다. 그러면서 지구 중력장 측정 위성인 '중력 발견 및 기후 실험GRACE' 위성을 이용해 지난 2002년부터 2016년까지의 지구촌 민물 현황 분석 자료를 내놓았다.

미국 캘리포니아와 중국 북서부 신장, 그리고 인도 북부와 중동, 카스피해 수역 등 19개 지역의 물 부족 문제를 지적한 자료에서 NASA 연구진은 그 대표적인 사례가 아랄해 문제라고 적시했다.

아랄해의 주요 수원은 시르다리야강과 아무다리야강이다. 천산산맥과 파미르고원에서 각각 발원한 두 강의 물줄기는 러시아, 카자흐스탄, 우즈베키스탄 등을 거쳐 아랄해로 유입된다. NASA는 두 강의 물줄기가 아랄해까지 도달하기 전 강 유역의 대규모 목화 재배지로 빠진다고 걱정했다. 그러면서 이 상황을 그대로 놔둔다면 2050년쯤에는 아랄해가 지도에서 사라질지도 모른다고 경고했다.

"사실 NASA의 이번 경고는 새로울 게 없습니다. 아랄해의 비극은 이미 1960년부터 시작되었고, 국제 사회도 그 문제는 벌써 알고 있었으니까요."

유럽 관광객들

쟈혼기르 씨는 NASA의 이번 발표가 다소 뜬금없다는 표정이었다.

"구소련 시절, 정부가 아무다리야와 시르다리야의 물을 이용해 우즈베키스탄, 카자흐스탄, 투르크메니스탄 등의 막대한 목초지와 비경작지를 관개 농지로 바꾸었어요. 그리고 강 유역에 대규모로 목화밭을 조성했습니다. 목화는 정말 많은 물이 필요한 작물이지요. 그래서 두 강에 100여 개가 넘는 크고 작은 댐이 세워졌고, 강물의 상당 부분이 목화 재배 용수로 사용되기 시작했습니다. 그 때문에 강물이 급격히 줄면서 아랄해가 마르기 시작했습니다."

그의 이야기가 한창일 무렵 미니버스 한 대가 아랄해 기념탑 앞에 멈추었다. 버스에서 내린 그들 역시 유럽 관광객이었다. 우즈베키스탄의 고대 유적지 히바 관광을 마친 여행자들이 서북쪽으로 길을 잡아 그곳을 찾은 모양이었다. 혹은 카라칼파크스탄의 대표적 선사 유적지인 아야스칼라를 여행하고 누쿠스를 거쳐 그곳까지 들른 사람들일 수도 있었다.

버스에서 내려 한동안 왁자지껄하던 여행단 일부가 골조만 남아 서글픈 배 위로 올라갔다. 한 젊은 여성은 뱃머리에 서서 영화 〈타이타닉〉의 윈슬렛 흉내를 냈다. 그 모습을 지켜보던 선박 아래 다른 여행자들은 배꼽을 잡고 웃거나 카메라에 담기 바빴다.

"It's been 84 years and I can still smell the fresh paint. (84년이나 됐지만 아직도 나는 그 배의 페인트 냄새까지 생생해요.)"

"A woman's heart is a deep ocean of secrets. (한 여인의 비밀이 바닷속 깊은 곳에 잠겨 있어요.)"

갑작스레 타이타닉의 명대사 두 토막이 떠올랐다. 영화 속 주인공 로즈가 과거를 회상하는 장면이었다.

"전쟁이 끝나고 그 사람이 돌아왔지요. 80년 전 이야기지만 나는 아직도 그날 밤 그와 함께 걷던 이 무이낙 바닷가를 잊지 못해요. 비릿한 바닷바람이 아직도 내 코끝을 그대로 스쳐 가는걸요. 한 여인의 비밀이 이 무이낙 바닷가에 스며 있어요."

어디선가 이런 사연을 들고 백발의 고운 할머니가 나타날 것만 같은 환상. 이 넓고 깊었던 아랄해에는 얼마나 많은 사연과 애환과 탈고 안 될 전설들이 밀물과 썰물처럼 들고 났을까? 타이타닉 여주인공을 연출한

여름, '배들의 무덤'

관광객을 쳐다보다 잠시 상상에 빠졌다.

관광객들 사진만 찍던 나도 배 위에서 기념사진 한 장을 남기게 된 건 한 중앙아시아 여성 관광객 덕분이었다.

"한국에서 왔다고요? 반가워요. 저랑 사진 한 장 찍을래요?"

그 가족은 카자흐스탄 남서부 지역인 베이네우 사람들이라고 했다. 베이네우는 우즈베키스탄에서 카스피해로 갈 때 거치는 철도 교통 요충지다. 쟈혼기르 씨는 그 가족이 여름방학을 맞아 우즈베키스탄 국경을 넘는 기차를 타고 400km쯤 달려 쿤그라드까지 왔고, 그곳에서 버스로 무이낙을 찾았다고 설명했다.

"카자흐스탄에서 바라본 아랄해와는 또 다른 느낌이에요. 우리나라 사람들도 아랄해 걱정이 많아요. 아랄해는 카자흐스탄과 우즈베키스탄을 이어주는 상징적인 곳이에요. 여기 오면서 우즈베키스탄 국경을 넘는 데 1시간 넘게 줄을 섰어요. 하지만 아랄해 하늘을 나는 새들은 어디가 카자흐 땅인지, 어디가 우즈베크 하늘인지 개념조차 없지요. 우리도 하루빨리 유럽공동체처럼 하나가 되어 자유롭게 왕래하면서 아랄해 문제를 함께 풀면 좋겠어요."

전직 교사였다는 이 중년 여성은 아랄해가 사막화되면서 아이들의 질병이 갈수록 늘어나 걱정이라는 말과 함께 카자흐스탄의 경우 연간 1억 5,000만 톤 이상의 소금모래가 바람에 날려 1,000km 떨어진 지역까지 나쁜 영향을 미친다는 통계를 인용하기도 했다.

"이 여성의 지적이 아랄해 문제의 팩트입니다."

쟈혼기르 씨가 덧붙였다.

"카자흐스탄뿐만 아닙니다. 아랄해 지역의 소금모래는 강풍이 불면 15km 높이까지 올라가 멀리 중국 천산과 타지키스탄의 파미르고원까지 날아가는 것으로 조사된 바 있습니다. 또 아랄해 물이 마르면서 강 주변 숲의 90%가 사라졌습니다. 아무다리야 삼각주로 유입되는 수백 개의 작은 강도 말라버렸습니다. 이 같은 변화는 아랄해 생태계에도 심각한 피해를 불러일으켰지요. 아시아치타, 카스피호랑이와 같은 대형 포유류가 멸종되었고, 갑상선가젤, 벌꿀오소리 등은 멸종 위기에 놓였습니다. 이 모든 것이 카자흐스탄과 우즈베키스탄의 공통된 걱정이지요."

미르지요예프 우즈베키스탄 대통령은 2017년 제72차 UN 총회에 참석해 아랄해 복원의 국제적인 관심을 촉구했다. 2016년 12월 취임 뒤 처음 참석한 UN 총회의 연설에서 세계 지도자들 앞에 아랄해 지도를 펼쳐 드는 파격적인 행보까지 연출했다. 그가 든 지도에는 1960년대의 아랄해 수역과 1/10로 줄어든 지금의 아랄해 수역이 선명하게 그려져 있었다.

CNN을 비롯한 미국의 대표적인 방송들과 전 세계 외신은 아랄해 문제를 걱정하는 미르지요예프 대통령의 이색적인 프레젠테이션을 영상과 사진으로 담아 지구촌 곳곳에 전파했다. 그의 퍼포먼스는 성공했다. 한동안 잊고 있었던 아랄해 문제가 국제 환경 문제의 거대 담론으로 급부상했고, 그로 인해 이곳 무이낙을 찾는 관광객도 대거 늘어났다고 카

뼈대만 남은 배

라칼파크스탄 자치공화국 관계자가 설명했다.

"2010년 4월 반기문 당시 UN 사무총장이 이곳 무이낙을 찾은 적이 있습니다. 이곳에 온 반 총장도 저기 저 배들을 하나하나 둘러보며 사태의 심각성이 크다고 지적하면서 아랄해의 생태계 파괴 현실에 충격을 받았다며, 지구상 최악의 환경 재앙이라고 안타까워했습니다. 그 뒤 2014년 10월에는 아랄해 환경 개선 국제회의가 여기서 그리 멀지 않은 우르겐치에서 있었는데, 반기문 총장이 그때도 영상 메시지를 보내 국제사회가 아랄해 복원 문제에 큰 관심을 보여달라고 촉구한 바 있습니다. 아마 미르지요예프 대통령의 2017년 UN 총회 연설은 반 총장의 아랄해 관심 촉구 이후 가장 강력한 방식의 영향력 있는 호소가 되었을 것입니다."

쟈혼기르 씨의 설명이었다.

그런 영향 때문이었을까? 미르지요예프 대통령의 UN 총회 연설 직후 2017년 10월 무이낙에서는 '아랄해와 무이낙의 부흥'이라는 주제로 모처럼 반가운 행사가 열렸다. 청량한 가을 하늘 아래 펼쳐진 이 행사에서는 아랄해에 서식했던 99가지 생선을 주제로 한 요리 축제와 국제음악축제, 유목민 캠프 체험, 지프 사파리 체험, 산악자전거 체험 등 다양한 행사가 펼쳐졌다.

특히 그 행사가 카라칼파크스탄 자치공화국 정부와 무이낙 주민들이 똘똘 뭉쳐 마련한 관광 축제였다는 점에서 많은 참석자로부터 좋은 반응을 얻었다. 그동안 환경 재앙으로만 낙인찍혔던 이 지역을 우즈베키스탄의 대표적인 관광지로 재생시키려는 구체적인 자체 노력이었기 때문이다.

　생각에 잠긴 사이 시간은 어느덧 오전 11시가 지나고 있었다. 해는 머리 꼭대기에서 지글거렸고 열 받은 카메라는 곧 녹아버릴 것 같았다. 사막에는 아무도 없었다. 떼로 몰려왔던 다른 관광객들은 모두 떠나갔고 오직 우리 세 사람뿐이었다. 사막의 배가 만든 그늘 안에서 태양 빛을 피하고 있던 가이드와 운전기사가 번갈아 가며 손목시계를 가리켰다. 아쉽지만 그만 돌아가야 할 시간이었다.

　# 2018년 11월 27일, 다시 찾은 무이낙

　"이렇게 다시 와주셔서 감사합니다. 하늘도 최 기자님을 환영하고 있습니다. 마침 어제는 첫눈이 내렸습니다. 지난여름에 이곳을 다녀간 뒤 소개해주신 기사는 잘 읽었습니다. 그 뒤 한국 기자들이 몇 분 다녀갔습니다."

　반기문 전 UN 사무총장이 주재하는 한-카라칼파크스탄 아랄해 국제포럼 취재차 방문한 카라칼파크스탄 의회 회의장 자리에서였다. 카라칼파크스탄 자치공화국 외교부 장관인 알자노프 씨가 다가와 반갑게 인사를 건넸다.

　"한-카라칼파크스탄 아랄해 국제포럼에 초대해주셔서 감사합니다. 작년에 배려해주신 덕분에 무이낙에 잘 다녀왔습니다. 그렇지만 시간도 부족했고 또 너무 뜨거워 충분히 보지 못해 많이 아쉬웠습니다."

글로벌 리더 인물 열전 ❶

우즈베키스탄 대통령
샤브카트 미르지요예프
SHAVKAT MIRZIYOYEV

조헐현 지음

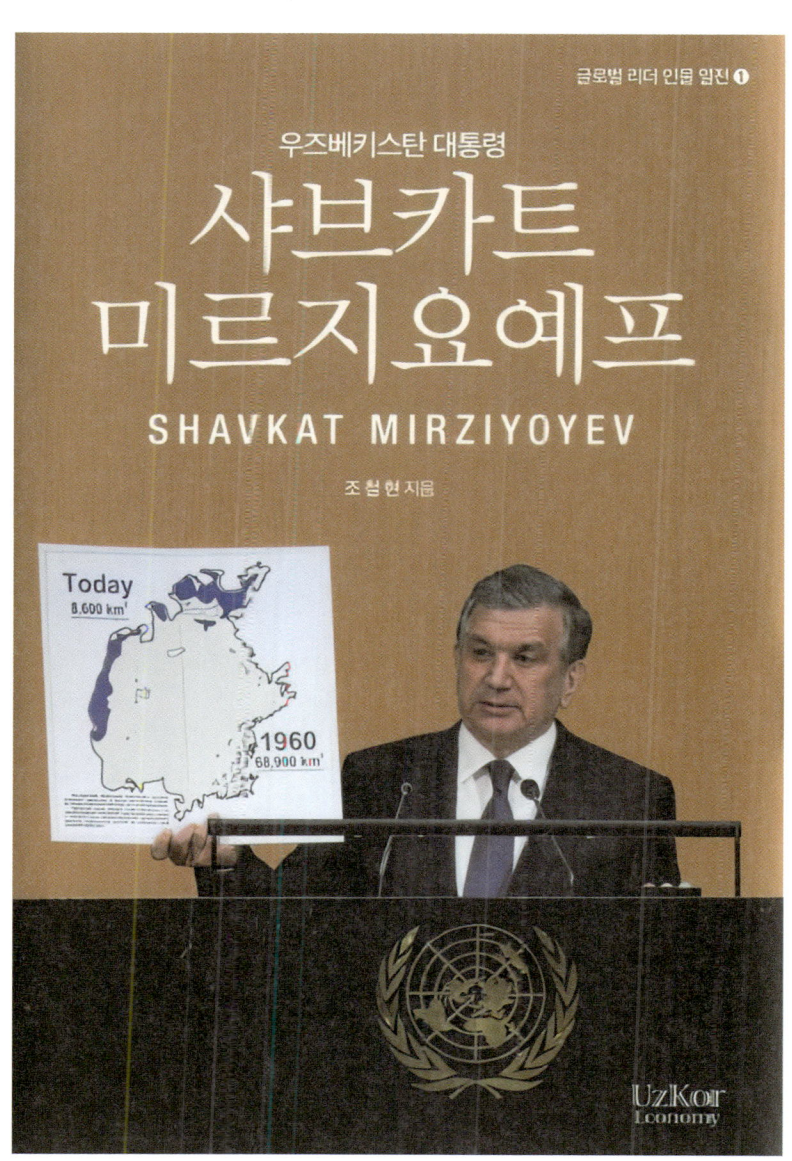

UzKor
Economy

우즈베키스탄 미르지요예프 대통령이
UN에서 아랄해 문제의 심각성을 토로하는 모습

오래된 성채

카라칼파크스탄의 옛 역사를
간직하고 있는 미즈다칸 공동묘지

내 말이 끝나자마자 미소를 지으며 알자노프 씨가 한 걸음 다가왔다.

"그럴 것 같아 미리 차를 준비시켜 놓았습니다. 회의 마치고 밤 비행기까진 시간이 좀 있으니 겨울 무이낙도 한번 다녀오십시오."

그렇게 해서 나는 한국 사람으로서는 극히 드물게 한 해에 두 번이나 무이낙을 다녀오게 되었다. 그는 두 번째 만남인데도 아주 오랜 지인처럼 친근하게 대했다. 통역을 해주던 마리나 고 고려인문화협회장이 그를 향해 엄지손가락을 치켜세웠다. 알자노프 씨는 언제나 밝은 표정으로 카라칼파크스탄 국제 홍보와 아랄해 문제 해결을 위해 동분서주하는 사람이라고 칭찬했다.

"눈길이라 더 험할 겁니다. 도로 사정이 갈수록 나빠지고 있습니다. 특히 도로가 얼어붙어 매우 위험하니 조심조심 운전하라고 기사에게 여러 차례 특별히 일러두었습니다."

알자노프 씨는 마치 가족을 먼 곳에 떠나보내듯 여러 차례 걱정스런 표정으로 말했다. 이를 지켜보던 마리나 고 회장이 나와 동승하는 비비 나즈 학생의 등을 두드리며 빙판길 보일 때마다 운전사 양 반에게 천천히 가달라 얘기하라고 소리 높여 당부했다. 비비 나즈는 누쿠스 지역 사범대생으로 고려인문화협회에서 한국어를 배우고 있다고 했다. 말하자면 마리나 고 회장의 애제자였다.

시내를 벗어나자 한여름과는 다른 풍경이 펼쳐졌다. 은빛 허허벌판 사이로 중간중간 촌락이 들어섰다. 여름에는 가로수에 가려, 혹은 높이 자란 농작물에 가려 보이지 않던 마을들이었다.

"빈집이 많습니다. 많은 사람이 여길 떠났습니다. 아이들 건강 문제가 가장 심각해서 고향을 등진 사람이 많습니다. 저 어릴 때만 해도 여기저기 큰 동네가 많았습니다. 그런데 강이 마르고 바다가 작아지면서 물고기가 사라졌고, 철새가 떠나갔고, 사람들도 빠져나가기 시작했습니다."

군데군데 들어선 마을이 반갑다고 하자 운전기사는 갈수록 나빠지는 아랄해 지역의 환경 문제를 걱정했다.

3시간을 달려 도착한 무이낙의 겨울 풍경은 더욱 스산했다. 한여름에 봤던 '배들의 무덤'이 소설이었다면 겨울철 모습은 시였다. 지난여름 풍경이 컬러사진이었다면 이번 풍경은 흑백 모드였다. 여름에는 그나마 배들을 에워쌌던 사막의 녹색 잡초들로 미동의 맥박이라도 있었다. 하지만 겨울 풍경은 그조차 멈춰 섰다. 모든 생명이 사라졌다. 게다가 정적까지 깊었다. 오가는 길이 험해 인적마저 끊긴 탓이었다.

"사실은 저도 여기 처음 와 봐요. 누쿠스에서 20년을 살았지만 여긴 우리에게도 먼 곳이에요. 어른들은 아랄해 이야기를 많이 하지만 우리 세대는 여기 얘기를 잘 안 해요. 포기한 땅이라고나 할까요? 아니면 너무 놀라운 상황이라 입이 벌어지지 않는다고나 할까요."

동행한 비비 나즈가 적막한 배들의 무덤 사이를 걷다가 한다디 했다.

그녀는 1998년생이었다. 그러고 보면 그녀가 태어났을 때부터 무이낙은 더 이상 항구도시가 아니었다. 그저 '배들의 무덤'일 뿐이었다. 혹은 그 지역은 더 이상 바다가 아니었다. 그저 키질쿰 사막 지대의 일부일 뿐이었다.

어느덧 휑하니 기운 초겨울 짧은 햇살이 긴 그림자를 만들었다. 카메라를 들이대는 나의 키가 훌쩍 커졌고, 내 키보다 높은 폐선도 사막 저만큼까지 긴 그림자를 그려냈다. 그만 돌아가야 했다. 사막의 일교차는 생각보다 심하다. 해가 사라지면 급격하게 추워진다. 그러면 빙판길은 더 얼어붙을 테고 잘못하다간 사막길에 그대로 갇힐지도 모를 일이었다.

"어머, 선생님!"

배들의 무덤을 떠나려는 순간, 바람 소리만 들리던 사막의 정적을 깨고 반가운 목소리가 들려왔다. 페루자 씨와 만수르 씨 일행이었다. 인천 공항에서 함께 우즈베크 항공 비행기를 타고 오며 인사를 나눴던 젊은 이들이었다. 페루자는 20대 초반에 한국으로 유학 와 연세대학을 졸업하고 지금은 한국의 은행에서 근무한다고 했다. 그리고 만수르는 숭실대학교 대학원에서 유학 중인 우즈베키스탄 청년이었다.

"아이들에게 선물 나눠 주고 누쿠스로 돌아가려다가 우리도 한번 들려보자고 해서 왔는데, 이렇게 또 뵙는군요."

페루자가 밝은 표정으로 다가왔다. 그녀 일행은 십시일반 돈을 모아 아랄해 인근의 어린이들에게 학용품을 기증하기 위해 그곳에 왔다고 했다. 아랄해 인근에서 나고 자란 사람들이었다. 9년 전 한국으로 떠나면서 언젠가 돈을 벌면 그 지역 어린이들을 위해 뭔가 뜻깊은 일을 해보자 마음먹었다고 했다.

"2017년 9월 UN 총회에서 우리나라 대통령이 아랄해 지도를 펼쳐 들고 이 지역 환경 문제를 위해 국제사회가 나서달라고 호소하는 모습을

겨울, '배들의 므덤'

보며 큰 감동을 받았어요. 그때부터 한국에 와 있는 유학생들과 노동자들, 그리고 한국에 시집온 우리나라 사람들을 대상으로 모금을 시작했지요. 그래서 지금 그 돈으로 학용품과 장난감을 사서 고향으로 가는 길입니다."

한국에서 꼭 다시 만나자는 약속을 하고 헤어져 돌아오는 길, 인천국제공항에서 했던 페루자의 이야기가 생각나 또다시 가슴이 뭉클했다.

지작

우즈베키스탄 생태관광의 보고

오가는 길조차 산뜻하면 그 여행은 성공이다. 지작 시가지를 벗어나 자민국립공원까지 가는 길. 55km의 거리가 짧게 느껴질 만큼 모든 풍경이 앨범 속 정취 그대로였다. 1970년대 가을 어느 날 친구들과 재잘대며 등교하던 내 모습이 거기 있었고, 구슬땀을 흘리며 가을걷이에 나선 아버지가 거기 있었으며, 읍내 장터로 종종걸음치던 할머니와 어머니의 모습 또한 그대로 거기에 펼쳐졌다.

지작 시가지 동남쪽 끝은 M39번 도로와 A376번 도로가 만나는 뤼녹스트로이마테리알로프 교차로다. M39번 도로는 타슈켄트에서 지작을 거쳐 사마르칸트와 샤흐리샵스를 지나 멀리 남부 아프가니스탄과의 국경 도시 테르메즈까지 이어진다. 그리고 A376번 도로는 지작에서 시작

지작주의 외곽 거리

해 아크불락과 하보스를 거쳐 동부 타지키스탄과의 국경 도시 베코바드까지 흘러간다.

뤼눅 교차로를 지나자마자 A376번 도로에서 우측으로 방향을 튼 자동차는 넓은 분지를 지나 자민 읍내로 향했다. 가는 길 곳곳에 목화밭이 있었다.

우즈베키스탄의 10월은 비가 없는 계절이다. 아니, 비가 있어서는 안 되는 계절이다. 설령 적은 비라 할지라도 내리면 곤란하다. 이때가 본격적인 목화 수확철이기 때문이다.

"세상에서 가장 아름다운 꽃이 무엇인고?"

달리는 차 창밖으로 목화밭에서 목화를 따는 여인네들이 보였다. 그

목화밭이 지천, 목화 따는 여성

모습을 보며 갑자기 조선 시대 영조대왕의 고사故事 한 토막이 떠올랐다. 그가 두 번째 왕비를 간택하며 왕비 후보자들에게 세상에서 가장 아름다운 꽃을 물었을 때 어떤 이는 '모란'이라 답했고, 어떤 이는 '난초'라고 답했단다. 하지만 정순왕후만큼은 인문적인 답변으로 영조대왕을 감동시켜 왕비로 간택됐다고 한다.

"세상에서 가장 아름다운 꽃은 목화꽃입니다. 목화에서 나오는 실이 백성의 옷이 되고 이불이 되어 따뜻하게 해주기 때문입니다."

정순왕후의 지혜로운 답이 생각나자 길가에 보이는 목화꽃이 새롭게 다가왔다.

지작 거리의 당나귀와 아기들

"자민국립공원은 생태관광과 힐링 투어를 하기에 가장 적합한 곳입니다. 아직 개발되지 않은 관광지라 전혀 오염되지 않은 원시림이 자연 그대로 간직되어 있고, 가문비나무를 비롯한 수많은 목초가 뿜어내는 천연 향이 머리를 맑게 해줍니다. 우즈베키스탄에서 가장 유명한 요양소가 이곳 자민국립공원 안에 있는 이유도 바로 그 때문인데, 요즘 들어 많은 외국인이 찾아 지작 주정부는 물론 우즈베키스탄 중앙정부 차원에서도 이 산의 오염을 막기 위해 많이 노력하고 있습니다."

지작 관광 안내를 맡은 하미도프 딜쇼드 씨는 한국에서 10년 동안 살았던 그 지역 사람이었다. 그는 설악산과 지리산이 한국의 자부심이라면 우즈베키스탄의 자부심은 자민국립공원이라고 자랑했다. 또한 자민 산자락 바로 아래에 미르지요예프 대통령의 고향 마을이 있으며, 고향에 대한 대통령의 애정이 남다르다는 점도 귀띔했다.

자민국립공원의 전체 면적은 241.1㎢다. 북한산국립공원(78.5㎢)의 세 배 넓이의 이 국립공원은 남북 간 30km, 동서 간 17km에 걸쳐 있다. 그중 산림 지역만 121.3㎢나 된다. 북한산 전체 면적보다 1.5배가량 넓은 자연림 구역에는 800종 이상의 식물과 150종 이상의 동물이 원시적인 생태계를 이루고 있다. 특히 공원 안에는 50종가량의 희귀 약초까지 자생하고 있어 자민산 생태관광의 가치를 더해준다.

그중 관광객들의 발길을 멈춰 세우는 수령 700년가량의 호두나무는 이 공원의 '특별한 어른'이다. 높이 20m, 둘레 2.7m 규모의 이 고목은 한여름 최고 직경 28m가량의 그늘을 만들어 여름 산행에 지친 등산객들에게 아늑한 쉼터를 제공한다.

자민 시가지에서 남쪽으로 방향을 튼 지방도로는 자민저수지와 두고바 지역을 거쳐 자민국립공원 입구까지 이어진다. 자민 중심가에서 공원 입구까지의 거리는 25km가량. 그러나 길은 거기서 끝나지 않는다. 해발 2,000m 이상의 준령을 넘고 산 정상부에서 서쪽으로 방향을 틀어 바크말과 발키를 거치고 갈라오롤까지 뻗어 M39번 국도와 다시 만나도록 되어 있다. M39 도로는 앞에서도 소개했던 사마르칸트와 지작, 타슈켄트로 갈 수 있는 바로 그 도로다.

길의 정상부에 위치한 자민 사나토리엄은 자민국립공원의 대표적 랜

자민 사나토리엄 휴양소

드마크다. 우즈베키스탄 최고 수준의 요양 시설을 갖춘 이 휴양소는 7층짜리 현대식 건물에 치료 섹션은 물론 수영장, 사우나, 대형 식당, 오락실, 어린이 전용 공간, 도서관과 넓은 운동장까지 있어 산중 대형 리조트 같은 화려함을 자랑한다.

"휴양소에 잠시 머물기만 해도 몸과 마음속의 모든 병이 치유된다는 얘기들을 합니다. 탁 트인 시야만으로도 답답했던 마음이 풀리고, 산 아래로 내려다보이는 천혜의 절경들로 머리가 맑아지며, 수풀에서 뿜어져 나오는 천연 향으로 폐 속까지 상쾌해진다는 사나토리엄 측 홍보 문구 그대로입니다. 우즈베키스탄이 독립되기 전인 1938년에 지어져 지금까지 많은 사랑을 받는 중앙아시아 최고 휴양 시설 중 하나가 바로 자민 사나토리엄이지요."

하미도프 딜쇼드 씨는 휴양소 입소자들뿐만 아니라 많은 관광객이 사나토리엄 주변을 찾아 트래킹과 명상을 즐긴다면서 손님 많은 식당이 음식 맛도 좋듯이 휴양 시설 최고 전문가들이 골라잡은 자리니만큼 명당 중 명당이 바로 이곳 아니겠냐며 엄지손가락을 세워 보였다.

이 휴양지를 찾은 관광객들의 발걸음은 자민산의 역사 유적지 '믹 요새'로도 이어진다. 5~6세기부터 11세기까지의 흔적을 가진 이 요새 터는 시야가 탁 트인 산 중턱에 자리하며, 여러 흔적과 유물을 통해 한때 번성했던 대장장이 부족의 역사 한 토막을 증언한다.

고고학자들은 발굴 유물을 통해 이곳에 살았던 부족은 공예 기술이

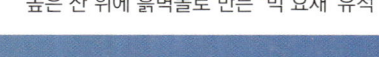

높은 산 위에 흙벽돌로 만든 '믹 요새' 유적

뛰어난 데다 철광 산업에도 일찍 눈을 떠 여러 금속 무기와 제품을 만들어 사용했고, 멀리 페르가나 지역에 수출까지 했던 것으로 파악했다. 그리고 80m 높이의 바위 절벽에 흙벽돌로 만든 성터 유적을 통해서는 한때 이 지역을 다스렸던 부족장이 매우 강력한 통치권을 가졌던 것으로 추측했다. 그러면서 학자들은 광물 자원이 풍족하고 장작으로 쓰면 쇠도 녹인다는 느간주나무가 많았던 땅이니만큼 그곳 사람들이 금속 무기를 만들고 도자기를 구워 국방과 경제를 넉넉하게 유지할 수 있었다고 보았다.

역사학자 아놀드 토인비는 문명사를 설명하며 '쿨데삭cul-de-sac'과 '라운더바우트roundabout'란 용어를 썼다. 쿨데삭은 '막다른 골목'이란 뜻이다. 그리고 라운더바우트는 '교차점'이란 의미를 지녔다. 지역의 위치에 따라 해당 지역의 문명사가 '쿨데삭'일 수도 있고, '라운더바우트'일 수도 있다는 게 그의 해석이다.

'막다른 골목'은 말 그대로 문명의 흐름이 더는 다른 곳으로 나아가지 못한 공간이다. 유라시아 대륙의 동쪽 끝과 서쪽 끝에 위치한 일본과 스칸디나비아가 바로 그런 경우다. 반면 라운더바우트는 사방이 트여 문명사적 교류가 활발하고 역사적 부침도 심한 지역이다.

지작은 우즈베키스탄의 대표적인 라운더바우트다. 예로부터 실크로드 거상들의 주요 거점 중 하나였고, 티무르제국의 수도였던 사마르칸트와도 가까워 중앙아시아의 모든 역사적 풍상을 온몸으로 겪었던 지역이다.

상황이 그렇다 보니 이 지역엔 고고학적 가치가 큰 역사 유적지가 많다. 게다가 지작에서 자민을 거쳐 국립공원까지 가는 길에 나오는 아담한 마을 피샤가르에는 원시 공동체의 원형을 생생하게 보여주는 동굴까지 있어 관광객들에게 흥미로운 볼거리를 제공한다.

태곳적 전설을 간직한 동굴 속 힐링을 체험하고 싶다면 자민국립공원에 들어가기 전 피샤가르 마을에 잠시 차를 멈춰 이 동굴부터 찾는 게 좋다. 자민산을 관광한 뒤 지작이나 타슈켄트로 돌아가는 길은 앞서 소개한 해발 2,000m 고지의 사나토리엄을 지나 반대편 산자락인 바크말과 발키, 갈라오롤 코스를 거쳐 M39번 도로와 만나는 게 이 지역 관광의 풍요로움을 제대로 만끽할 수 있어서다.

지작을 제대로 파악하려면 위의 정보뿐만 아니라 두 명의 인물도 알아둘 필요가 있다. 바로 샤로프 라시도프와 샤브카트 미르지요예프다. 앞사람은 구소련 시절에 우즈베키스탄 공산당 서기장을 지낸 정치 지도자다. 다른 한 사람은 2016년 12월 취임한 우즈베키스탄 현직 대통령이다. 두 사람 모두 지작이 고향이다.

라시도프는 1959년 3월 우즈베키스탄 국정 최고 책임자가 되어 1983년 10월까지 24년 동안 그 자리를 지켰다. 70년가량 이어진 구소련 시절의 우즈베키스탄 서기장 수는 14명이었다. 라시도프를 제외한 다른 서기장들의 평균 임기는 5년 내외였다. 그런 점에서 그의 재임 기간은 사뭇 특별했다. '공산당 당원증을 가진 중앙아시아의 칸'이라는 별칭을 얻었을 만큼 그의 영향력 또한 대단했다.

라시도프 동상 앞에 선 학생들

1983년 11월, 그는 자살로 생을 마감했다. 그렇다 보니 그를 추모하는 열기에 지작 주민들의 마음이 더욱 애잔할 수밖에 없다. 게다가 라시도프의 자살 이유가 우즈베키스탄을 둘러싼 소비에트연방 정권의 권력 다툼이었기에 1991년 독립 이후 그에 대한 존경심은 더욱 확산됐다.

"작가로도 명성을 떨쳤던 우리 시대 최고 지도자 샤로프 라시도프의 동상 제막식이 오늘 그의 탄생 100주년을 맞아 지작시 라시도프 광장에서 열렸다. 미르지요예프 대통령은 제막식 기념사에서 '라시도프는 수많은 시련 속에서도 항상 높은 인본주의적 사상을 바탕으로 우리 민족에 헌신해왔다'고 추도하면서 '막중한 역할을 수행하며 문학에도 충실해 수많은 작품을 남긴 그의 족적이 영원히 빛날 것'이라고 강조했다."

지작주와 나보이주에 걸쳐 있는 아이다르쿨

2017년 11월 6일, 우즈베키스탄 언론은 지작의 넓은 광장 한가운데에서 펼쳐진 라시도프 동상 제막식 소식을 일제히 보도했다. 그러면서 그의 문학 작품과 생애 전반을 전시한, 광장 인근의 '라시도프 기념관'을 소개하는 데에도 많은 지면을 할애했다.

자민국립공원이 타지키스탄과 국경을 이룬다면 아이다르쿨은 카자흐스탄과 국경을 이룬다. 말하자면 지작주는 남북에 걸쳐 국경선을 이룬 또 다른 차원의 라운더바우트다.

"아이다르쿨은 아랄해에 이어 우즈베키스탄에서 두 번째로 큰 호수입니다. 동서로 길게 자리 잡고 있는데요, 지작주와 나보이주에 걸쳐 있습니다. 동서 길이 250km, 남북 길이 15km 규모의 호수로 전체 면적은 3,000km²쯤 됩니다. 아랄해처럼 북쪽으로 난 수로를 통해서는 카자흐스탄과도 붙어 있고, 수도 타슈켄트와 멀리 페르가나에서까지 많은 낚시꾼이 즐겨 찾고 있습니다. 또 유르트 캠핑촌도 있어 호숫가에서 하룻밤 묵으며 밤하늘의 우주쇼를 볼 수도 있습니다."

아이다르쿨로 가는 길에 하미도프 딜쇼드 씨의 자세한 설명이 이어졌다. 그는 이 호수가 1969년 대홍수로 생겨난 거대 지각 변동의 결과라면서 때로는 자연재해가 이렇듯 또 다른 관광지를 만들 수도 있다며 신기해했다.

사실 오가는 길이 불편하고 아직 편의 시설도 부족해 이 호수를 지작의 중심 관광지로 추천하기에는 무리가 있다. 아이다르쿨은 현재 사마르칸트나 부하라에서 출발해 나보이주의 누라타를 거쳐 호수 서쪽에 닿는 코스가 더 많이 알려져 있다. 그래서 대부분의 외국 관광 책자에는 나보이주의 대표적 관광지로 소개되어 있다. 하지만 지작 주정쿠도 본격적인 호수 개발을 서둘러 추진한다고 하니 머지않아 이곳에서도 다양한 편의 시설과 위락 시설이 제공될 것으로 여겨졌다.

"언제 또 오실 건가요?"

딜쇼드 씨가 물었다. 지작 시가지가 한눈에 내려다보이는 에팀톡산 중

나보이주 아이다르쿨에 있는 유르트 캠프

턱의 대형 풍차가 달린 호프집 앞에서였다.

"그냥 눌러앉고 싶을까 봐 다신 못 올 것 같아요."

내 대답은 농담 반 진담 반이었다. 우즈베키스탄 전역을 돌아보며 히바와 부하라도 좋았고, 사마르칸트와 페르가나도 좋았다. 심지어 아랄해의 옛 항구도시 무이낙은 그곳대로 좋았고, 유독 견과류를 탐하는 식성이라 타슈켄트 또한 초르수 바자르 하나만으로도 흡족했다. 하지만 눌러살고 싶다는 감정까지 일렁였던 곳은 지작이 처음이었다.

"다 좋았지만, 특히 오가는 길이 좋았어요. 아이다르쿨 가는 길에서도, 자민산 가는 길에서도 사람 사는 모습이 좋았어요. 오가는 길 곳곳에 나의 유년기가 있었고, 10대 시절이 있었고, 우리 어머니와 할머니의 모습이 있었고, 잃어버렸던 모든 시간이 그 길가에 있어 좋았어요."

진심으로 알아들었을까? 딜쇼드 씨는 미소 지으며 고개만 끄덕였다.

"저는 한국이 좋아요. 다시 돌아가고 싶어요."

한동안 침묵하던 그가 한국 찬사를 늘어놓았다. 한국에서 돌아와 지난봄 서른 살 나이에 스무 살 아내를 맞았다는 그는 매일 밤 새색시에게 선진화된 한국의 모습을 설명해준다고 했다. 이번에는 내가 미소를 지으며 고개만 끄덕였다.

"테르메즈 가는 길은 아주 험하다고 들었어요. 저도 아직 못 가본 길이에요. 사마르칸트와 샤흐리샵스까지는 그런대로 괜찮지만 그 너머부터는 고산 지대 협곡길이라 힘들대요. 조심해서 다녀가시고 한국 돌아가시면 우리 지작 홍보 많이 부탁해요."

지작 시가지가 한눈에 내려다보이는
에팀톡산 중턱에 있는 호프집

딜쇼드 씨는 따라가고 싶다는 간절한 마음을 눈빛으로 전하면서도 헤어지는 마지막까지 본능적인 애향심을 쏟아냈다.

그는 사마르칸트로 가는 길의 티무르 게이트 역시 몽골족 침입을 막아낸 1420년대 유적지라 지작 사람들의 자부심이 크다는 사실과 지작 관광의 또 다른 즐거움은 여러 게스트하우스에서 펼쳐지는 우즈베키스탄 전통 체험이라는 것도 책에 꼭 써달라고 부탁했다.

제3장 우즈베키스탄 오지 여행 | 지작 319

샤흐리샵스

아미르 티무르제국의 본향

 2018년 6월의 제42차 유네스코 세계유산위원회의 결과가 샤흐리샵스 여행길을 재촉하게 만들었다. 우즈베키스탄 정부는 2018년 6월 한 달 내내 무거운 긴장감에 휩싸였다. 우즈베키스탄의 영원한 자존심이 한순간에 무너지느냐 마느냐 하는 기로에 서 있었기 때문이다.
 "샤흐리샵스 역사지구가 유네스코 세계유산 목록에서 삭제돼야 한다는 의견이 많았습니다. 무분별한 도시 개발과 본 위원회가 요청한 역사지구 보존관리 계획을 제대로 제출하지 않았기 때문입니다. 하지만 본 위원회는 몇몇 위원국의 유예 조치 의견에 따라 샤흐리샵스 역사지구를 유네스코 세계유산 목록에서 삭제하지 않기로 의결하였음을 알려드립니다."

6월 24일부터 7월 4일까지 바레인의 수도 마나마에서 열린 제42차 세계유산위원회에는 우즈베키스탄 관광위원회 위원장이자 부총리인 아지즈 압두하키모프를 단장으로 한 여러 명의 정부 대표단이 직접 참석해 있었다. 그들은 6월 한 달 내내 위원국들을 대상으로 외교 총력전을 펼쳤다. 그 결과 '세계문화유산 목록 삭제 잠정 유예'라는 최종 결정을 끌어냈다.

이 나라 정부로서는 다른 곳은 몰라도 샤흐리샵스만은 지켜야 할 당위성이 컸다. 바로 이 지역이 1991년 독립 이후 우즈베키스탄의 정신적 지주로 삼았던 아미르 티무르의 고향이었기 때문이다.

'우즈베키스탄 여행에서 가장 많이 듣는 고유명사가 아미르 티무르다. 그를 빼곤 설명할 게 별로 없다. 수도 타슈켄트의 중심 대로大路 이름도 그로부터 따왔다. 역사 교과서의 모든 논리 역시 그로부터 시작된다.'

한 블로그가 쓴 우즈베키스탄 여행담이다. 다소 과장된 얘기지만 틀린 말도 아니다. 그의 표현대로 아미르 티무르는 우즈베키스탄의 처음과 끝이다. 독립 후 카리모프 우즈베키스탄 초대 대통령은 수도 한복판에서 있던 레닌 동상을 허물고 그 자리에 아미르 티무르 동상부터 세웠다. 1996년에는 그의 탄생 660년을 맞아 유네스코 후원으로 도심 중앙부에 아미르 티무르 박물관까지 건립했다.

샤흐리샵스 역사지구는 지난 2000년에 유네스코 세계유산에 등재됐다. 그때부터 많은 관광객이 샤흐리샵스에 몰려왔다. 그러면서 여러 문제가 나타났다. 세계가 공유하고 보전해야 할 역사지구가 어느 순간부

거대한 아미르 티무르 동상

터 훼손되기 시작했다. 결국 2016년 7월 튀르키예 이스탄불에서 개최된 제40차 유네스코 세계유산위원회에서 이 지역을 '위험에 처한 세계유산'으로 분류하며 우즈베키스탄 정부의 보전 의지를 강력히 촉구했다.

"이번 제42차 세계유산위원회 결과 발표 이후 정부에서는 더욱 강력한 여러 조치를 취하고 있습니다. 실로 천만다행입니다. 만약에 이번 결과 발표가 부정적으로 나왔다면 이 지역 사람들은 물론이고 우즈베키스탄 국민 모두가 큰 슬픔에 빠졌을 것입니다. 샤흐리삽스는 다른 관광지와 다릅니다. 우즈베키스탄 국민 모두에게 민족적 성지 같은 곳입니다."

안내를 맡은 들푸자 씨가 악 사라이 궁전을 바라보며 밝은 표정으로 설명했다. 그녀의 말대로 샤흐리삽스는 2,700년 역사를 지닌 중앙아시아의 대표적 고도古都라는 명성보다 아미르 티무르의 고향이란 국민 자부심이 몇 배나 크다. 그가 한때 우즈베키스탄을 세계사의 중심으로 이끌었기 때문이다.

그가 세운 티무르제국은 1370년부터 1507년까지 140년가량 지금의 중앙아시아와 이란, 아프가니스탄 지역은 물론 북쪽으로는 카스피해 너머 조지아 지역까지, 남쪽으로는 파키스탄과 인도 북부까지, 그리고 서쪽으로는 튀르키예와 이라크 지역까지 세력을 넓혔다.

제국의 수도는 샤흐리삽스에서 북쪽으로 90km가량 떨어진 사마르칸트였다. 바그다드를 능가할 정도로 번성했다고 평가받는 이 도시는 국제

▷ 악 사라이 궁전 성벽 앞에서

적인 상업 도시로 발전하며 세계사의 중심으로 우뚝 섰다. 뿐만 아니라 티무르를 비롯한 여러 왕이 학문과 예술에 관심을 쏟아 화려한 궁정문화가 발달했고, 수학, 천문학, 의학, 지리학, 역사학 등에서도 많은 발전을 이뤄 이슬람 세계 전반에 큰 영향을 미치기도 했다.

"아미르 티무르는 영토를 넓히면서 정복한 땅의 예술가와 장인들을 무척 존중했다고 합니다. 그리고 그중 뛰어난 사람들을 사마르칸트로 불러 그곳에다 여러 예술적인 건축물을 짓게 했다고 합니다. 여러 이슬람 학자들도 귀중히 여겨 사마르칸트를 이슬람 세계의 중심지로 만들려고 많은 노력을 기울였습니다."

들푸자 씨의 설명대로 그는 독특한 지도자였다. '평생 한 번도 진 적이 없는 용장'으로 알려진 그는 저항하는 사람이라면 남녀노소 가리지 않고 모두 참수한 뒤 그 머리로 탑을 쌓았다는 이야기가 전해질 만큼 잔혹한 정복자면서 문화 예술과 학문에 조예가 깊었던 인문적 지도자이기도 했다.

그는 1336년에 당시 케시라는 지명의 샤흐리샵스에서 태어났다. 그리고 34세에 권좌에 올라 1405년 69세를 일기로 사망할 때까지 쉬지 않고 제국 건설에 매진했다. 오죽하면 '한 번도 말에서 내리지 않았던 사람'이라는 별칭까지 얻었을까? 그의 숨을 거둔 곳 역시 전장이었다. 1405년 병사 20만 명을 이끌고 명나라를 치기 위해 원정길에 오르던 중 시르다리야 강변 오트라르에서 갑자기 열병으로 사망했다. 그의 이 같은 거대 치적은 악 사라이 궁전 터에 또렷이 남아 있다.

아미르 티무르 동상 앞에 선 신랑 신부와 친구들

'만약 너희가 우리 힘을 의심하면 이 건축물을 보라!'

악 사라이 궁전 정문 벽에 새겨진 이 문구는 14세기 중앙아시아 최고의 영웅 아미르 티무르의 호탕함을 생생하게 증언한다.

이 역사 유적지의 중앙 광장에는 티무르의 거대한 동상이 서 있고, 뒤편으로는 그가 남긴 가장 큰 건축물인 악 사라이 궁전의 잔해가 있다. 1380년 처음 공사를 시작해 1405년 그가 죽기 직전까지 계속됐던 궁전의 옛 모습은 사라지고, 본래 아치형이던 입구의 기둥 두 개만 남아 있어 이곳을 찾는 많은 이에게 아쉬움을 준다.

이 궁전은 아미르 티무르의 여름철 정무 장소였다. 그래서 일명 '여름 궁전'으로 불린다. 혹은 '악 사라이'란 말의 뜻을 빌려 '백색 궁전', 또는 '고귀한 궁전'으로 불리기도 한다. 이 궁전 역시 호레즘을 비롯한 많은 정복지에서 최고의 장인들을 징집해 만들었다. 티무르는 공사에 앞서 사마르칸트의 비비하눔 모스크보다 더 웅장하고 화려하게 건설하도록 지시했다는 일화가 전해진다.

"고고학자들이 티무르제국 시절에 이곳을 다녀간 외국 사신들의 기록과 유적지 발굴 조사 결과를 토대로 궁전 규모를 측정해봤더니 내부 규모만 전장 250m, 폭 125m였다고 합니다. 그리고 중심 건물은 천장 높이가 70m에 출입문 폭이 22m로 꽤 큰 규모였다고 합니다."

들푸자 씨는 그 당시 클라비호라는 스페인 사절이 이 궁전을 보고 화려하기 이를 데 없어 놀랐다는 기록을 남길 만큼 거대했다고 강조했다. 하지만 지금은 모두가 사라졌다.

2018년 9월 6일부터 10일까지 이곳에서는 미르지요예프 대통령까지 참석한 대규모 국제축제가 열렸다. 마콤 아트 국제포럼Maqom Art International Forum이란 이름의 이 민속축제에는 73개국에서 온 관계자들로 북적였다.

이 행사는 제42차 유네스코 세계유산위원회를 앞두고 우즈베키스탄 정부가 샤흐리샵스 역사지구 보전 의지를 보여주기 위해 기획됐다. 마침 세계유산 목록 삭제의 위기를 넘긴 터라 축제 분위기는 한껏 고조됐다. 행사 내내 연극 공연과 민속 공연이 이어졌고, 다른 한쪽에서는 우즈베키스탄의 민속 의상과 수공예품, 전통 악기, 도자기 등이 전시돼 행사장을 찾은 많은 외국 관광객들에게 샤흐리샵스 역사지구의 존재감을 과시했다.

"정말 대단했습니다. 저기 서 있는 아미르 티무르 동상께서 모처럼 웃었다는 얘기들을 할 만큼 도시 전체가 들썩거렸습니다. 마콤 국제축제는 2년마다 열리게 됩니다. 이번이 첫 행사였는데, 샤흐리샵스 주민 전체가 이 축제만 잘 살려 가면 유네스코도 이제 더 이상 샤흐리샵스 문제로 고민하지 않게 될 것 같습니다."

아미르 티무르 광장에서 오랫동안 공식 사진사로 일해왔다는 알리셰르 씨가 나에게 한 말이다.

이제 샤흐리샵스를 떠나 테르메즈로 갈 참이었다. 그 전에 볼 곳이 하나 더 남아 있었다. '콕 굼바즈 모스크'였다. 아미르 티무르의 손자인 울루그 벡이 1437년 자신의 아버지이자 티무르의 아들인 샤루흐 왕을 기리기 위해 만든 모스크르. 악 사라이 궁전에서 시장 길을 따라 내려가면 나오는 곳이었다.

"2년 뒤 다시 만나길 고대하겠습니다."

헤어지는 길에 들푸즈 씨가 말했다. 2020년에 개최되는 마콤 축제 때 꼭 다시 오라는 뜻이었다. 그러겠다고 했다. 사실 이번 여정도 원래는 9월 축제를 겨냥했다. 하지만 공교롭게도 우즈베키스탄 주재 한국대사관이 주최하는 'Korea Festival 2018' 행사가 10월 초에 샤흐리샵스 인근의 카라시에서 개최된다는 소식을 듣고 일정을 조정했다.

그런 사정으로 나는 전날 카르시에 도착해 우즈베키스탄 주재 대사관 사람들과 함께 한국 영화 페스티벌을 참관한 뒤 그곳에서 하룻밤을 묵

고 아침 일찍 이곳으로 더 나온 것이었다. 키르시에서 이곳까지는 100km 정도 거리로 1시간 반쯤 걸렸다.

　사실 보통의 여행 코스로는 사마르칸트를 여행한 뒤 샤흐리샵스를 둘러보고 이곳에서 아프라시얍 고속철을 이용해 타슈켄트로 가는 경우가 많다. 일정이 빠듯한 관광객들은 샤흐리샵스를 그냥 지나치기도 한다. 하지만 한국 여행에 경주를 건너뛴 것처럼 아쉬움이 남을 테니 샤흐리샵스만큼은 반드시 여행 코스에 넣으라 권하고 싶다.

◁ 샤흐리샵스를 대표하는 콕 굼바즈 모스크

테르메즈
아프가니스탄과의 국경지대, 고대 불교 유적지

우즈베키스탄의 테르메즈는 아프가니스탄과의 국경도시다. 그렇다 보니 아프간 사태가 장기화되면서 테르메즈까지 영향을 받았던 게 사실이다. 하지만 외교부가 2018년 봄 '유의 지역' 해제를 발표함으로써 좀 더 편안한 마음으로 왕래하게 됐다. 그러다가 2021년 8월에 미군이 완전히 철수하면서 아프가니스탄 전역이 또다시 혼란에 빠졌다. 그 영향으로 테르메즈 여행에 대한 불안감은 여전히 해소되지 않고 있다.

여행을 다녀오면 명함과 페친(페이스북 친구)만 늘어나는 게 아니다. 정보량이 늘면서 관심사까지 늘어나기 마련이다.

《우즈베키스탄에 꽂히다》 초판 작업이 한창이던 2018년 12월, 반가운 소식 하나가 날아왔다. 내가 우즈베키스탄에 관심이 많은 줄 아는 기자

아프가니스탄과 국경을 맞댄 테르메즈

친구 덕분이었다.

'지난번 네가 갔던 테르메즈에서 좋은 소식이 있더군. 뉴스 검색해 봐.'

그가 보낸 카톡 링크 주소를 따라 들어가니 테르메즈 카라테파에서 고대 불교 벽화가 발견됐다는 뉴스였다. 무척 반가웠다.

고대 실크로드를 통해 불교문화가 확산·발전된 모습을 엿볼 수 있는 불교 벽화가 우즈베키스탄에서 발견됐다. '아사히신문', '글로벌 부디스트 도어' 등은 "우즈베키스탄 남부 티르메즈에서 발견된 2~3세기 불교 벽화가 고대 실크로드를 따라 확산된 불교문화의 변화상을 보여준다"고 2018년 12월 4일 보도했다. 이 언론이 따르면 해당 벽화는 2016년 우즈베키스탄 과학아카데미 현지 연구원들과 일본 도쿄에 위치한 가장 오래된 대학 중 하나인 릿쇼대학 연구진이 발견했다. 벽화가 발견된 곳은 불교 사원 유적인 카라테파 불탑 옆 지하 2m에 위치한 석실이다. ―2018년 12월 10일,《현대불교신문》

　머리기사를 이렇게 시작한 신문은 '벽화가 발견된 카라테파 유적은 2001년 탈레반에 의해 파괴되기 전 바미얀 불상이 서 있던 아프가니스탄 국경과 바미얀 계곡 사이에 위치한다'고 소개했다. 그러면서 '이는 한때 실크로드의 문명 교차로와 겹치는 지역으로, 그리스와 로마 스타일의 헬레니즘 회화 영향을 받은 유물과 인도 신화에 등장하는 상상의 새 가루다 두상도 발견된 바 있다'고 덧붙였다.

　테르메즈에는 두 개의 대표적인 불교 유적지가 있다. 그중 하나가 카라테파이고 다른 하나는 파야즈테파다. '테파'는 언덕이란 뜻이다. 즉 언덕 위에 세워진 사원을 의미한다. 이 두 사원 모두가 초기 불교 사원의 구조를 연구하는 데 큰 도움을 주고 있다. 이들 중 이번에 벽화가 발견됐

두 불교 유적지 카라테파와 파야즈테파 표지판

다는 카라테파는 우리나라 국립문화재연구소가 발굴한 유적지란 점에서 반가움이 더욱 컸다.

"동서 교통로상 요지이자 고대 박트리아 지역인 우즈베키스탄 카라테파 유적 발굴 조사 결과는 서기 1~3세기 쿠샨왕조 시대 중앙아시아 지역에서 인도를 발상지로 둔 초기 불교의 발전 과정과 한국 불교문화의 기원과 관련, 중요한 단서를 제공해준다."

문화재청 국립문화재연구소는 2012년 7월 보도자료를 통해 이같이 밝히면서 2011년부터 우즈베키스탄학술원 예술학연구소와 공동으로 우즈베키스탄 테르메즈 지역 카라테파 유적을 발굴 조사한 결과, 쿠샨 시대에 해당하는 석굴(예배당)과 지상 건물지(승원), 스투파(탑)로 이루어진 초기 불교 사원의 가람(사원 건물의 배치)을 확인했다고 발표했다. 그러면서 국립문화재연구소 측은 카라테파 불교 사원의 발굴 조사와 함께 우즈베키스탄 남부에 위치한 유적들의 분포 현황 조사를 실시해 중앙아시아의 역사와 문화에 대한 연구 범위를 확대해 나갈 계획이라 밝히기도 했다.

'한 가지 아쉬운 건 우리가 발굴한 유적지인데, 불교 벽화는 일본 학자들이 발견했다는 게 조금은 아쉽. 어쨌든 감사.'

소중한 정보를 준 친구에게 카톡을 보내놓고 테르메즈에서 촬영해 온 사진들을 다시 봤다. 책에 담을 사진들을 선별하는 마지막 과정이 중요했다. 사진은 크게 두 종류로 분류됐다. 하나는 불교 유적지고, 다른 하나는 이슬람 유적지다. 그렇게 분류해놓고 보니 테르메즈야말로 고대부터 중세에 이르기까지 우즈베키스탄의 역사를 온전하게 간직한 이색 지

수도 타슈켄트에서 730km가량 떨어진 테르메즈는
고대 실크로드의 요충지로, 중동에서 천산산맥을 넘은 상인들이
페르시아 쪽으로 가려면 이 지역을 통과해야 했다.

대였다.

　이 지역의 그런 흔적들을 알기 전에 테르메즈 도시만의 지역 특성을 먼저 이해해야 한다. 수도 타슈켄트에서 730km가량 떨어진 이곳은 고대 실크로드 상인들의 교통 요충지였다. 중국에서 천산산맥을 넘어 페르가나 밸리와 타슈켄트와 사마르칸트를 거친 상인들이 페르시아 쪽으로 가고자 이 지역을 통과하곤 했다. 여기서 아무다리야강만 건너면 바로 지금의 아프가니스탄 땅이다. 그 지역을 지나 이란(페르시아)과 튀르키예를 거치면 오리엔탈 문명권에서 벗어나게 된다. 튀르키예나 페르시아 상인들도 중국으로 가기 위해 그 역순으로 길을 걷곤 했다.

　테르메즈의 역사는 중국 상인들이 건너간 그 반대 방향에서 시작됐다. 기원전 330년 동방 원정에 나선 알렉산더 대왕이 이 지역을 점령했다. 병사들을 이끌고 지중해를 건넌 그는 페르시아제국을 점령한 뒤 힌두쿠시를 넘어 박트리아 왕국이 지배하던 이곳까지 넘어왔다.

　중앙아시아 지역은 200년 동안 그리스인들의 지배 아래 들어갔다. 그러면서 이 지역에도 그리스 문화와 오리엔트 문화가 서로 영향을 주고받으며 질적 변화를 일으킨 헬레니즘 문화가 싹텄다.

　그 뒤 그리스–박트리아제국 시대를 지나 불교문화가 융성했던 쿠샨왕조가 들어섰다. 테르메즈에서 발견되는 대부분의 불교 유적들은 바로 이 시기 것들이다. 대략 1세기부터 4세기까지로 추정되는 이 시기에는 간다라 미술 또는 간다라 양식이 움트며 불교 예술사의 새로운 전기를 맞게 된다.

테르메즈 가는 길

　간다라는 우즈베키스탄과 인접한 지금의 파키스탄 북부와 아프가니스탄 동부를 아우르는 지역의 옛 이름이다. 바로 이 지방에서 헬레니즘 문화와 불교 문화가 만나 또 다른 질적 변화를 일으켰다. 즉 헬레니즘 전파와 함께 신을 인간의 모습으로 표현한 신상神像들이 유입되면서 수행에만 정진하던 불교도들도 부처와 그의 제자를 비롯한 다양한 인물들을 형상화하기 시작했다. 이것이 곧 중국과 우리나라에까지 영향을 미쳤던 간다라 미술이다.

　우즈베키스탄의 대표적 박물관인 타슈켄트 역사박물관에는 우즈베키스탄의 역사와 고고학, 인류학에 관한 20만여 점의 유물이 전시되어 있다. 이중 빼어난 볼거리 중 하나가 파야즈테파 유적지에서 출토된 '비나야 삼존불'이다. 쿠처의 표정을 사뭇 온화하게 형상화한 이 불상은 크기가 작지만 쿠샨왕조 시대에 제작된 최고의 간다라 예술품으로 평가받는다.

이 삼존불이 발굴된 파야즈테파는 테르메즈시에서 약 4km 떨어져 있다. 1960년대에 한 목동이 이곳을 지나다가 석상 하나를 발견하면서 본격적인 발굴이 시작됐다고 한다. 파야즈테파 명칭은 당시 발굴을 담당했던 테르메즈 역사박물관 관장 파야조프의 이름을 따서 지어졌다.

이곳은 우선 멀리서도 보이는 돔형의 구조물부터 인상적이다. 그 뒤로는 가로 117m, 세로 34m 크기의 사원 터가 펼쳐져 있고, 중앙에는 스님들의 유골이 안치된 스투파가 자리한다. 70여 차례 정밀하게 발굴한 끝에 이곳에서는 삼존불 외에도 스투파, 벽화, 토기 등이 다량으로 출토됐다. 발굴 작업을 통해 초기 불교 사원의 구조를 파악하는 데도 큰 성과가 있었다.

이 사원은 서기 1~3세기경에 건립된 것으로 추정됐으며, 부처님을 모신 불당, 주방, 식당, 기숙사, 순례자를 위한 예배 장소, 강의동 등으로 이루어져 있었다. 중앙 법당 터의 규모와 취사에 쓰이던 4개의 아궁이 시설까지 확인함으로써 사원의 수용 인원을 파악하는 데도 좋은 밑 자료를 얻었다.

참고로 앞에서 소개한 카라테파는 군사 시설 안에 있어 일반인의 출입이 제한적이지만, 파야즈테파는 누구나 자유롭게 방문할 수 있어 초기 불교의 가람 터를 직접 감상할 수 있다.

쿠샨왕조 시대 유적지로는 주르말라 대탑도 있다. 2,000년 전에 흙벽

무너진 채 방치되어 있는 유적

 돌로 쌓은 이 탑은 중앙아시아 최고最古 건축물로 원래는 26m 높이였다. 하지만 지금은 외탑이 벗겨진 상태로 높이 13m, 둘레 14.5m 규모의 내탑만 남아 있다.
 다음은 630년에 이 테르메즈 지역을 여행했던 현장법사가 남긴 글이다. 당시 중국에서는 테르메즈를 '달밀국呾蜜國'이라 표기했다.

 달밀국은 동서로 6백여 리, 남북으로 4백여 리에 이른다. 도성 둘레는 20여 리인데, 동서로 길고 남북으로 좁다. 사찰은 10여 곳이 있고, 승려는 천여 명이다. 모든 솔도파窣堵波(스투파의 음역)와 불상은 매우 신기하고 기이하며 영험하다.

파야즈테파에는 가로 117m, 세로 34m 크기의 사원 터가 펼쳐져 있고, 중앙에는 스님들의 유골이 안치된 스투파가 자리한다.

이 기록으로 볼 때 7세기까지만 해도 테르메즈에는 불교가 융성했다. 아직 아랍 세력이 당도하기 전이었다. 현장법사가 이곳을 여행한 630년은 공교롭게도 이슬람교의 창시자 무함마드가 메카로 무혈 입성한 해이기도 하다.

그로부터 100년도 안 돼 중앙아시아 전역은 이슬람 세력의 지배를 받게 되었다. 705년에 중앙아시아 정복을 시작한 이슬람 군대는 712년에 사마르칸트와 부하라를 점령했다. 그들 역시 동방 원정에 나섰던 알렉산더 대왕의 정복 코스를 답습했다. 이로써 찬란했던 테르메즈 불교 역사도 한순간에 사라졌다.

이슬람 문명권으로 급격히 재편된 테르메즈에서는 748년에 위대한 종교 지도자 한 사람이 탄생했다. 훗날 예언자 무함마드의 언행록 《하디스》를 남겨 전 세계 무슬림들에게 존경받게 된 알 하킴 앗 티르미지다.

27세 때 발흐에서 이슬람 교육을 받고 메카 성지 순례까지 마친 그는 고향으로 돌아와 이 지역의 초기 이슬람 사회 건설에 큰 기여를 했다. 특히 그가 남긴 《하디스》는 전 세계 이슬람교도들이 읽는 경전이 되었고, 그의 명성과 비례해 테르메즈 또한 국제 이슬람 사회의 묵직한 요지로 자리 잡았다.

앗 티르미지의 대리석 묘비에는 그가 120세까지 살았던 것으로 기록돼 있다. 그가 죽자 이슬람제국은 869년부터 그를 기리기 위한 묘역을 조성했다. 무덤은 흰색 대리석으로 거대하게 만들었고, 무덤이 있는 영묘 내부는 화려한 이슬람 양식으로 장식했으며, 주변 조경 역시 이슬람 성지로서의 위엄에 걸맞게 최고 수준으로 꾸몄다.

그리고 11세기에는 영묘에 잇닿아 한 지붕 아래 모스크를 세우고, 15세기에는 성지 순례자들이 예배를 보기 위한 대형 공간도 추가했다. 모스크 옆으로는 박물관까지 만들어 이곳을 대규모 이슬람 관광단지로 조성했다. 그것이 하킴 알 티르미지 메모리얼 콤플렉스다. 이는 전 세계 이슬람교도들이 찾는 우즈베키스탄 내 성지 가운데 하나이자 대표적인 관광명소로, 테르메즈 시내 중심가에서 파야즈테파로 가는 길 7km 지점에 위치해 있다.

테르메즈 근처의 이슬람 명소 하나를 더 소개하자면 자르쿠르간 미나렛이다. 1100년대에 지어진 건축물로 21.6m의 높이를 자랑한다. 좁은 계단을 따라 정상에 올라가면 넓게 펼쳐진 테르메즈 시가지를 볼 수 있어 많은 관광객에게 사랑받고 있다.

10세기 건축물인 키르크 키즈를 둘러보고 고고학박물관 취재까지 마쳤다. 석양빛이 좋았다. 저녁 식사까지는 시간이 남아 택시를 대절로 불러 아프가니스탄 국경이 보이는 가장 안전한 지역으로 가자고 했다. 아무다리야강을 배경으로 사진 몇 장을 더 찍고 싶은 마음이 간절했다.

"국경 쪽으로 카메라를 대면 안 됩니다. 아직도 그쪽은 조심해야 할 게 많습니다."

테르메즈에 간다고 하자 한국대사관 직원이 이렇게 조언했다. 그의 말을 듣지 않은 게 실수였다. 국경에서 근접으로 촬영하다 보니 마음이 급

길가의 보이순 표지판

했다. 어느 순간 발걸음이 엉켰다. 돌부리에 걸려 넘어지면서도 본능적으로 카메라를 감쌌다. 쿵 하고 짚은 오른쪽 손목이 속절없이 골절됐다.

'이럴 줄 알았으면 오는 길에 먼저 보이순에 들렀어야 했는데…'

테르메즈 응급병원에서 깁스를 하면서도 머릿속에는 온통 보이순 생각뿐이었다. 사실 샤흐리샵스를 떠날 때만 해도 보이순 마을을 거쳐 테르메즈로 갈 참이었다. 더 정확히는 구조르에서 택시비를 흥정할 때만 해도 보이순이 목적지였다. 하지만 중간에 마음이 바뀌었다. 산이 첩첩인 길을 따라 테르메즈 쪽으로 100km쯤을 달렸을 무렵, 거의 동시에 우즈베키스탄 동생들인 하킴과 오타벡에게서 문자가 왔다. 그 때문에 코스가 급하게 조정됐다.

전혀 모르는 사람이 합승해 5시간을 달려갔다

'누님, 우리 동네 들르시는 거죠? 내가 누님 간다고 여기저기 자랑해놓 았으니 안 가면 큰일 나요.'

두 친구는 타슈켄트에 있는 한국 여행사 직원이었다. 두 사람 모두 한 국어가 능숙했다. 하킴은 얼마 전 손자를 본 40대다. 그리고 오타벡은 한국에서 일하며 우즈베키스탄 전문지를 만들었던 아트디렉터 출신이 다. 둘은 고향이 테르메즈에서 북쪽으로 150km쯤 떨어진 데나우다. 그 것도 데나우의 가장 깊은 산골 마을로 알려진 산가르덱 출신이다.

"우리 동네 가면 꼭 하룻밤 주무시고 오세요. 누님 마음에 꼭 들 거예 요. 큰 폭포도 있어요. 여름에는 그 폭포를 보려고 멀리서도 관광객이 아주 많이 와요." (하킴)

△ 보이순의 자연
▷ 민속 축제

"누님, 제 동생이 지금 데나우에서 한국어 학원을 운영하고 있어요. 한국에 유학하고 와서 학원을 차렸는데 학생들도 아주 많아요. 시간 되면 누님이 거기 가서 특강도 해주고 오면 좋겠어요. 그러면 내 동생은 인기 최고가 될 거예요."(오타벡)

타슈켄트를 떠나기 전날 저녁 두 사람은 식사하며 내게 시시때때로 고향을 자랑했다. 그리고 새끼손가락까지 내밀며 반드시 다녀와야 한다고 여러 차례 재촉했다. 하지만 즉답하지 못했다. 가보고 싶은 마음이야 컸다. 가능하다면 10여 일쯤 쉬다 오고 싶은 마음도 없지 않았다. 그 두 사람을 보면 그들의 고향이 얼마나 맑고 순수할지, 말 그대로 얼마나 청정무구할지 안 봐도 짐작됐다.

그런 동생들의 권유라 이번 테르메즈 여행길에 꼭 '보이순'을 둘러보겠다고 다짐했던 터였다. 그런데 샤후리샵스를 떠나 구조르를 경유해 남쪽으로 향하던 길에 두 사람의 문자를 받고 코스를 바꾸기로 했다. 먼저 테르메즈 일정부터 소화한 뒤 그곳에 짐을 맡겨놓고 조금 가벼운 차림으로 데나우와 보이순을 차례로 들르자고 생각했다. 아침 일찍부터 서두르면 데나우와 산가르덱을 거쳐 저녁쯤에는 보이순에 도착해 하룻밤 자고 그다음 날 사진 촬영도 양껏 할 수 있는 거리였다. 데나우에서 보이순까지는 92km쯤 됐다. 즉 테르메즈–데나우–보이순–테르메즈로 돌아오는 삼각 여정을 새롭게 구상하게 된 것이었다.

'내가 팔을 다쳤어. 지금 병원이야. 집에 빨리 연락해. 내가 못 가게 됐다고.'

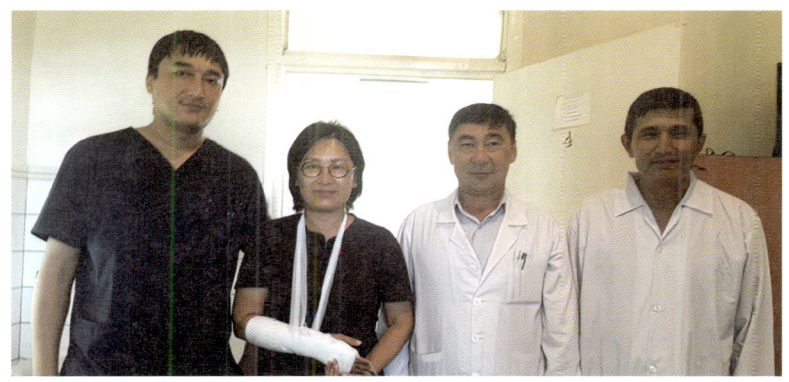

골절 시술 의사 파루흐 씨(맨 왼쪽)와의 기록사진

두 사람에게 문자를 보내면서도 마음은 보이순 마을로 갔다. 보이순은 중앙아시아에서 가장 오래된 인류 거주 지역으로, 세계적으로도 유명한 마을이다. 전통문화가 잘 보존되어 있어 2008년 민속 마을로는 최초로 유네스코 인류 무형문화유산에 등재됐다.

결국 나는 보이순 여정을 포기했다. 생각보다 손목 골절이 심각했다. 나를 치료한 테르메즈 응급병원 의사 파루흐 씨는 엑스레이 필름을 보여주며 일단 골절 부위는 잘 붙었다고 했다. 그러면서 빨리 타슈켄트에 있는 큰 병원에 가서 다시 엑스레이를 찍어보라고 했다.

나는 의사의 말을 듣는 순간 더 이상 테르메즈에 머물 수도 없고 한동안 사진도 찍을 수 없다는 사실에 절망해 눈물을 찔끔 흘렸으나, 그런 와중에도 의사에게 다가가 기록사진을 남겨야 하니까 같이 사진을 찍자고 말했다.

우즈베키스탄에서 만난 K-디아스포라 이산의 한

고려인들의 연해주 시대는 1864년부터였다. 탐관오리의 횡포와 가난에 쫓겨 국경 너머 러시아 땅으로 떠났던 사람들. 1937년 중앙아시아 강제 이주 전까지 그들은 이곳을 터전 삼아 신천지를 건설했다. 연해주는 1910년 국권 상실 뒤에는 항일 운동의 본거지였다. 아주 오래전에는 발해 민족 문화가 찬란했던 우리 조상 땅이었다.

1908년 러시아 고려인들이 창간한 한글판 일간지 《해조신문海朝新聞》의 발행인 최봉준은 그해 2월 26일 자 창간호 '발간하는 말'을 통해 이렇게 회고했다.

"서력 일천팔백육십삼년은 곧 음력 갑자지년이라. 우리 동포 십여 가구가 처음으로 이 아국지방 지신허에 건너와서 황무지지荒蕪之地를 개척

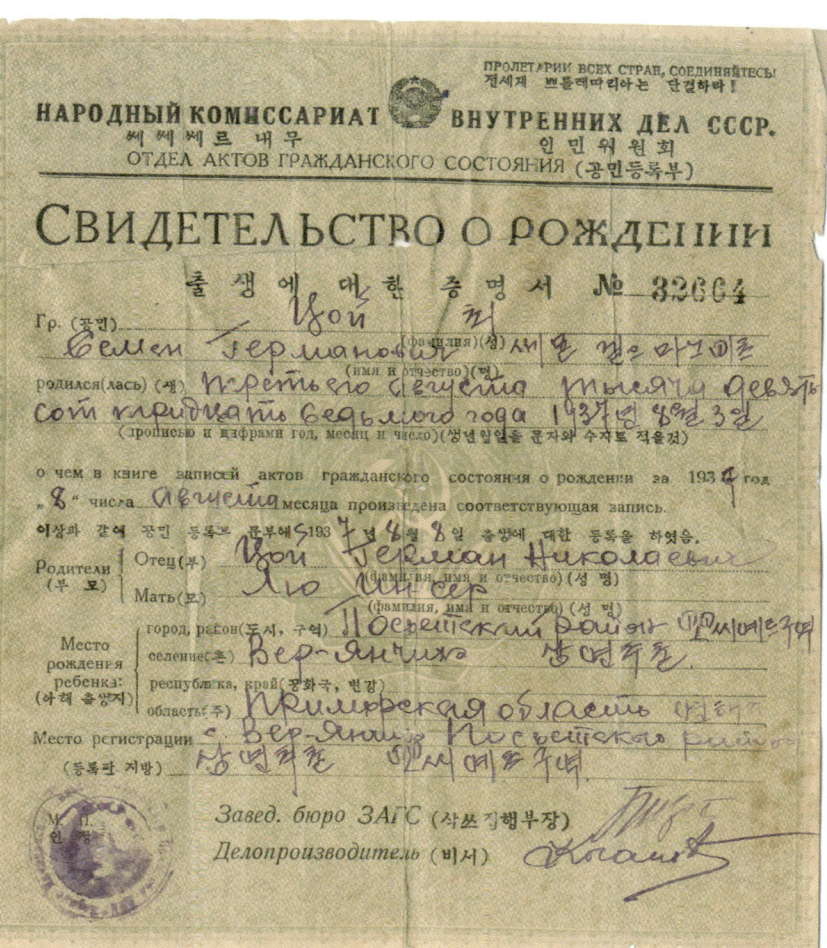

이중 언어로 된 출생 증명서

옛 연해주 지역

하고 연하야(이웃해) 살음에 해마다 몇십 호씩 늘어가니…."

최봉준(1862~1918)은 1869년 8세 때 부모님을 따라 연해주로 건너간 초기 이주민이다. 학계는 해조신문 발간사가 연해주 이주민이 쓴 최초이자 유일한 기록이란 점에서 고려인들의 러시아 이주를 1863년부터로 짚어왔다. 하지만 여기에는 일부 오류가 있다고 지적됐다. 그가 기록한 1863년은 계해년으로, 갑자년은 그 이듬해인 1864년이었다. 이와 관련한 또 다른 기록 하나를 살펴보면 최봉준의 기억 오류는 더욱 명징해진다.

"사천백구십칠년 갑자춘에 무산 최운보, 경흥 양응범 2인이 가만히 두만강을 건너 훈춘을 경유하야 지신허에 래주하야 신개간에 착수하

연해주 지역으로의 이주 초창기 모습

니…."

이 기록은 독립운동가이자 역사가였던 계봉우(1880~1959)가 1920년 《독립신문》에 연재했던 〈아령실기〉 일부다. 이 글에 등장하는 단기 4197년은 서기 1864년에 해당한다. 이 글을 남긴 계봉우는 1914년 '고려인 이주 50주년'을 맞아 편찬한 《한인노령이민사》의 편집 책임자였다. 그런 만큼 그의 기록적 신뢰는 무게감을 더한다.

이로써 한국과 러시아 학계는 모두 1864년 최운보와 양응범 두 사람이 이끌고 들어온 함경도 농민 13가구를 연해주 고려인 역사의 서막으로 본다. 그리고 이 작은 태동의 그려인 이주사는 해를 거듭하며 제법 두

툼한 기록으로 발전해갔다. 곧바로 1867년 500명, 1868년 900명이 국경을 넘어 두만강 건너로 이주했다는 기록으로 이어졌다. 급기야 1869년에는 6,350명의 이주민이 이 지역으로 몰려들었다고 기록됐다. 해조신문 발행인 최봉준은 함경도 지방에 든 전례 없는 대흉년이 그 이유 중 하나라고 쓴 바 있다.

"기사ㄹㄹ에 이르러는 본국 함경도 지방에 흉년이 크게 들거늘 그해 겨울에 기황饑荒 들었던 백성 수천 호가 일시에 지신허로 내도하니 기왕에 우거하던 몇십 호의 농작한 힘으로는 수천 인구를 구제할 방책이 없는지라, 그런고로 기황을 이기지 못하여 생명을 구제하매 극근득생極僅得生한 반분에 지나지 못하였다."

그렇다면 이들은 언제부터 고려인으로 불렸을까? 그에 대한 설은 분분하다. 다만 대규모 국경 탈출이 이어지던 1860년대 말 러시아 탐험가 프르제발스키는 연해주 지역 조선인 정착지 방문기에 이렇게 썼다.

"1860년대부터 이들은 자신들을 고구려 또는 고려 사람을 뜻하는 가우리Kauli로 불렀다."

이 같은 기록으로 미루어 그들은 이주 초기부터 조선왕조로부터 완전히 벗어나 자신들만의 신천지를 건설하고자 했던 것으로 보인다.

2017년 9월 문재인 대통령과 함께 러시아 블라디보스토크를 방문했던 김정숙 여사는 영부인 자격으로 현지에 세워진 독립운동가 이상설 유허비를 참배했다. 이상설 선생은 을사조약의 부당성을 세계만방에 알리기 위해 고종 황제가 이준, 이위종과 함께 헤이그 만국평화회의에 파

항일 민족 작가이자 고려인 문학의 아버지로 불리는 조명희.

견한 특사 중 한 사람으로, 그가 태어난 시기 역시 함경도 대기근 그 무렵(1870년)이다.

당시 문재인 대통령은 고려인 문학의 아버지로 불리는 조명희의 문학비를 찾아 헌화했다. 이는 망국의 한 속에서 독립운동의 본거지였던 연해주 땅 또는 민족 문학의 원형을 품었던 '고려인들의 연해주 시대'에 대통령 부부가 '예우'한 점에서 뜻깊다. 더욱이 2017년은 고려인들이 중앙아시아로 강제 이주된 지 80주년을 맞는 기념비적인 한 해였다.

안중근 의사의 역사적 의거가 빛났던 곳. 이동휘, 최재형, 김철훈, 문창범 등 수많은 독립운동가의 구국 활동 무대였던 연해주 신한촌. 그러나 1937년 강제 이주 명령이란 문서 한 장에 의해 이 신천지의 역사는 단절됐고, 이후 20만 명에 가까운 고려인들은 시베리아 대륙 너머로 영원히 잊지 못할 이산의 한을 남기며 뿔뿔이 흩어졌다.

제4장 고려인 이야기

신한촌 문화사의 서막, 고려일보와 고려극장

1920년대에 이르러 연해주 고려인 사회는 20만 인구로 훌쩍 성장했다. 1923년 3월 1일, 삼일만세운동 4주년을 맞은 신한촌에서는 뜻깊은 행사 하나가 열렸다. 2023년에 창간 100주년을 맞은 《고려일보》의 전신 《선봉》 창간 기념식이었다.

창간 첫해에 34회 발행됐던 이 신문은 연해주 고려인 사회의 절대적인 호응에 힘입어 1924년부터 주 2회로 발간 간격을 좁혔다. 그 뒤 1930년과 1931년에는 재정적 어려움으로 다소 주춤하기도 했지만(주 3회 발간) 1932년부터 뜻을 다시 모아 격일 발간으로 발전했다. 발간 부수 또한 1만 부

《선봉》 100호 기념호(1925년 11월 21일)와
《레닌기치》 사원들의 축전

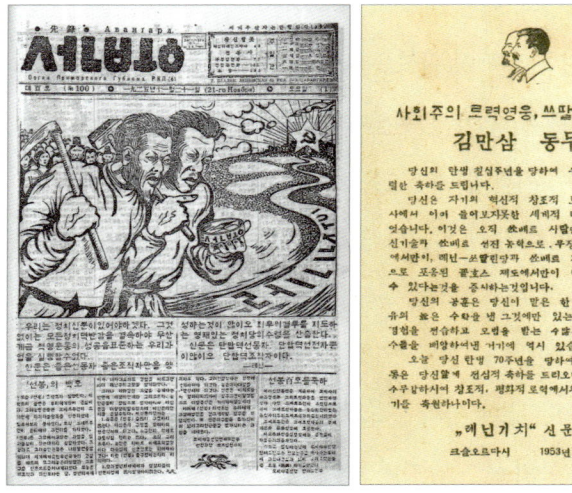

를 넘어섰다. 1930년대 중반 한용운의 연재소설에 힘입어 발행 부수를 최대치로 끌어올렸던 《조선일보》조차 고작 6,000부를 발행하던 시절이었다.

그러나 안타깝게도 이 신문 또한 1937년 스탈린의 강제 이주 정책과 맞물려 수난을 당했다. 1937년 9월 12일 자 1,644호를 마지막으로 폐간됐다. 선봉을 비롯한 7종의 신문과 8종의 잡지, 그리고 라디오 방송국까지 갖췄던 신한촌의 문화사적 등대 불빛은 이렇듯 한순간에 사라졌다.

이후 1938년에 고려인 사회를 위한 한글 신문이 다시 등장했다. 발간 장소는 카자흐스탄이었고, 제호는 《레닌기치》였다. 연해주를 떠나면서 다급함 속에서도 차분하게 한글 활자를 챙겼던 선봉 신문 식자공 최봉

고려극장 단원들과 《레닌기치》 사원들

카자흐스탄 선봉중등학교 교원 박 류드밀라가 학생들을 가르치고 있다.
(1950년대 말 카자흐스탄 크즐오르다 선봉콜호스)

남, 최 발렌틴 등의 공이 컸다. 신문은 그 뒤 1991년에 또 한 차례 변화를 겪으며 오늘날까지 이어졌다. 소비에트 연방 해체와 함께 신문 이름을 고려일보로 바꾼 편집진들은 재소 한인 중심이던 편집 방향을 남북한과 재일, 재미 교포로까지 확대하며 언론 본연의 모습으로 발전했다. 이와 관련해 1990년 당시 고려일보 편집장이던 조용환은 소련 관영 모스크바 방송과의 인터뷰에서 이렇게 밝혔다.

"내년부터 제호를 고려일보로 바꾸면서 내용 또한 지금까지 당과 정부의 중요 결정들을 원문 그대로 게재했던 방식에서 탈피해 해설식 보도에 비중을 두게 될 것이며, 이 신문이 한인들을 위한 신문임을 감안해 재소 한인들의 정치, 경제, 문화상에 대한 소개와 재소 한인 청년들의 역사

순회공연을 떠나는 고려극장 배우들(1957년 7월)

공백을 메우는 작업도 담당하게 될 것이다."

조 편집장의 인터뷰 당시 고려일보는 창간 53주년 즈음이었다. 그로부터 다시 반백 년가량이 흐른 지금, 고려일보는 그가 강조했던 편집 방향을 기초로 20면의 지면을 통해 CIS(독립국가연합) 국가 고려인들과 세계 한민족을 잇는 거대 여정을 지속하고 있다.

1932년 문을 연 고려극장의 역사 또한 2022년에 창립 90주년을 맞았다. 카자흐스탄의 가장 오래된 문화 기관 중 하나이자 한반도와 글로벌 한민족 공동체를 통틀어 가장 오래된 공연 단체로 평가받는 이 극장은 연해주 시대의 영광을 카자흐스탄으로 옮겨 지금까지 이어오고 있다.

1937년 고려인들의 중앙아시아 강제 이주 당시 고려극장 단원들은 카자흐스탄과 우즈베키스탄 양국으로 분산됐다. 하지만 이내 1942년에 두 지역 단원들이 카자흐스탄의 우슈토베로 통합됐고, 1953년 스탈린 사망과 함께 고려인들에 대한 거주 제한이 풀리자 순회공연에도 나섰다. 이후 1959년 카자흐스탄 크질오르다 주립극장 승격에 이어 1968년에는 수도였던 알마아타로 본거지를 옮기며 국립극장 등급까지 확보했다.

이 극장은 항일 독립운동의 영웅 홍범도 장군의 희곡을 비롯해 〈홍길동〉, 〈흥부와 놀부〉 등 많은 고전 작품을 무대에 올려 중앙아시아 고려인들의 힘든 시기를 위로했는가 하면, 1982년 모스크바 초청 창립 50주년 기념 공연을 통해서는 우리 민족의 우수성을 소비에트 전역에 알리는 한류 전파의 역할을 맡기도 했다. 말하자면 일찍부터 중앙아시아 지역에 K-문화를 홍보했던 최고 수준의 전진기지였던 셈이다.

부친은 연해주에, 어머니는 크림 땅에

'조선의 레닌'으로 불렸던 연해주의 대표적 사회운동가 김 아파나시(한국명 김성우)의 아들 김 텔르미르는 국내 언론과의 인터뷰에서 이런 말을 했다. 김 아파나시는 1935년 스탈린 정권의 오판으로 사형됐다. 그런 아버지를 그리워하며 쏟아낸 아들의 회한에는 디아스포라 이산離散의 한이 오롯이 농축돼 있어 많은 사람을 안타깝게 하고 있다.

"나의 부친은 하바롭스크에 묻혀 있다. 어머니는 (러시아) 크림주 옙파트라시에, 외할아버지는 (우즈베키스탄) 타슈켄트주 미르자촌에, 그리고 친할아버지는 연해주 수하놉카촌에, 외할머니는 타슈켄트주 사마르스코예촌에, 친할머니는 (카자흐스탄) 침켄트시에, 형님은 연해주 크라스키노촌에 안치돼 있다. 그러니 이 고인들을 누가 모셔서 성묘할 것인가? 기가 막힐 노릇이다."

고려인들의 이 같은 비극은 1937년 9월 스탈린의 강제 이주 정책에서 비롯됐다. 망명 작가 한진은 소설 〈공포〉에서 강제 이주가 시작되던 날의 분위기를 이렇게 묘사했다.

"1937년 가을, 소련 연해주 조선 사람들은 한날한시에 모두 승객이 되었다. 수십만 명이 동시에 기차를 탔다. (중략) 어디로 무엇 때문에 실려가는지도 몰랐다. 남녀노소 한 사람도 남지 못하고 다 고향에서 쫓겨났다. 차에서 태어나는 애도 있었다. 그것들은 나서 귀신들이 물어갔다. 출생신고도 사망신고도 할 필요 없었다. 이 세상에 왔다가 땅 한 번 밟아보지 못하고 사라져갔다. 오직 어머니 가슴속에 피멍울만을 남기고. 많은 노인들과 어린것들이 철도 연변에 묻혔다."

블라디보스토크를 떠난 이주 열차는 한 달 만에 그들을 중앙아시아에 내려놨다. 50량씩을 이어 붙인 120여 대의 열차로 그곳까지 실려 온 고려인 수는 17만 2,000명가량. 그중 9만 5,000여 명이 지금의 카자흐스탄에, 7만 7,000여 명이 우즈베키스탄에 도착했다.

"1937년 8월 21일 소련은 중국 국민당 정부와 상호불가침 조약을 체결했다. 이날 소련은 원동의 고려인을 중앙아시아로 강제 이주시키라는 긴급 비밀 명령을 하달했다. 원동 지방에서 일본 첩자들이 침투하는 것을 차단하기 위한 조치임을 내세웠다. 일제에 대항해 싸워온 고려인들이 오히려 일제의 앞잡이로 매도되어 피땀 흘려 개척한 땅에서 쫓겨나는 수모와 고통의 장정長程이 시작된 것이다."

《유라시아 고려인 150년》(2013, 주류성)의 저자 김호준은 고려인 강제 이주 정책은 국가 이익 내세워 소수 민족의 삶과 인권을 철저하게 무시한 소비에트 역사의 대표적 수치라고 단언했다. 그러면서 그는 강제 이주의 결정문이 세계에 알려지면 규탄과 비판에 직면할 것을 두려워한 나머지 결정문을 크렘린 문서고에 넣고 잠가버렸다고 비판했다. 그 뒤 반세기가 넘도록 실체를 드러내지 않던 이 비밀문서는 1991년 소련이 해체되기 직전에야 공개돼 전 세계인의 분노를 자아냈다.

"내가 1947년생인데, 어릴 때 우리 부모님 고생한 거 이루 말할 수 없어요. 1937년 강제 이주돼서 10년 뒤 내가 태어난 건데, 그때까지도 밤낮없이 일만 하셨어요. 그러면서 자식 여섯을 다 대학까지 공부시켰어요. 술과 담배는 절대로 하지 마라, 공부해야 성공한다, 그래야 우리처럼 안 산다…. 부모님은 틈만 나면 이렇게 말씀하시면서 안간힘을 다해 중앙아시아에 정착했습니다."

고려인 2세인 비탈리 편 주한 우즈베키스탄 대사는 나와의 인터뷰에서 이렇게 밝히며 눈시울을 붉혔다. 그러면서 자신의 부모 세대가 겪은 고통은 세계적으로도 유례가 없을 만큼 잔인했다고 회고했다. 빈손으로 출발해 황무지를 옥토로 일구면서 자식들 교육에도 철저했던 부모 세대 덕분에 고려인들에 대한 중앙아시아 국가들의 인식이 매우 긍정적이라고 평가했다.

아리랑 요양원과 김병화 박물관, 황만금 농장

타슈켄트 시내 바부르공원 안에는 한국과 우즈베키스탄의 우정을 상징하는 '서울공원'이 있다. 한국 전통 정원으로 꾸민 8,067㎡ 규모의 이 공원은 현지 고려인들의 요청으로 2012년 12월 서울시가 착공해 2014년 5월 준공됐다.

이어 2017년 7월 이 공원에는 상징적인 기념비가 하나 더 들어섰다. 고려인들의 우즈베키스탄 정착 80주년을 맞아 서울시가 기념비를 세우고, 한국어와 우즈베크어, 러시아어로 '고려인 이주 80주년을 즈음하여 고려인들을 따뜻한 친구로 맞아준 우즈베키스탄인들에게 깊은 감사를 표

땅속에 굴을 파고 억새풀로 엮어 만든 깔뚜막

한다'는 글귀를 조각했다.

　높이 4.4m, 너비 2.2m 규모의 기념비에는 이곳에 처음 정착한 고려인 가족에게 우즈베키스탄 가족이 전통 빵(논 또는 니뽀쉬카)을 건네는 모습과, 그 위로 시베리아 횡단 열차가 거칠게 질주하는 장면을 부조로 담았다. 특히 열차에는 1937이란 숫자가 또렷이 새겨져 있는데, 이는 소련 시절 스탈린의 명령으로 극동 지역에 거주하던 고려인들이 중앙아시아로 강제 이주됐던 해를 뜻하는 고려인 최대 수난의 숫자다.

　이 기념비는 바로 당시 상황을 생생하게 증언하는 조각이다. 즉 먹을 것과 머물 곳조차 없었던 사람들. 그들에게 빵을 나눠주고, 갓난아이에

으즈베키스탄 여성들과 함께
집단 농장에서 일하고 있는 고려인 여성들

게 젖을 대신 굴려주고, 일할 터전을 제공했던 우즈베키스탄 사람들의 따뜻한 마음을 잊지 않겠다는 의지를 담아낸 것이다. 다음은 고려인들의 우즈베키스탄 정착을 다룬 책 《뜨락또르와 까추사들》의 한 대목으로, 고려인들 대부분이 이렇듯 비참하게 살았으리라 짐작된다.

"중앙아시아에 처음 도착했을 때 우리 부모님들은 땅속에 굴을 파고 살았는데, 그것을 깔뚜막이라고 불렀다. 타고난 근면성 하나로 버티면서 우리 고려인들은 갈대밭을 개간해 벼농사를 시작했다. 1951년부터 1953년 사이 우리 마을에서 스물한 명의 사회주의 노동 영웅이 배출되었다. 그만큼 온몸으로 부딪치면서 열심히 살아온 세월을 통해 비로소 우리만

우즈베키스탄에서의 고려인 환갑잔치

의 고려인 사회를 만들었다."〈최 게오르기, 1948년생·고려인 2세〉

 타슈켄트 외곽의 아흐마드 야싸비 지역에 위치한 '아리랑요양원'도 고려인 디아스포라와 양국 간 우정을 상징하는 복지 시설이다.

 고려인 1세대 독거노인들을 위한 이 시설은 2010년 양국 정부의 합의로 설립됐다. 우즈베키스탄 정부가 부지와 폐건물을 제공했고, 우리 정부가 건물 리모델링 비용과 운영비를 부담해 개원한 이 시설에는 현재 30여 명의 고려인 독거노인이 요양사들의 보호를 받으며 거주하고 있다.

 이 요양원은 2019년 4월 문재인 대통령이 우즈베키스탄을 국빈 방문했을 때 영부인인 김정숙 여사와 우즈베키스탄 대통령의 부인인 미르지요예바 여사가 이곳을 함께 찾아 국내에서도 큰 관심을 받았다.

 그 뒤 코로나 팬데믹으로 한동안 방문자들의 발길이 뜸했지만, 2010

우즈베키스탄 타슈켄트 아리랑요양원

년 개관 직후부터 이 요양원에는 매년 의사, 약사, 간호사들로 구성된 의료봉사단과 대학생 해외봉사단원들이 찾아와 고려인 어르신들과 따뜻한 정을 나눴다. 그 밖에도 고려인과 중앙아시아를 연구하는 학자들의 발길도 잦았고, 소설가 황석영, 시인 곽효환을 비롯한 많은 문화예술인의 방문도 이어져 살아 있는 역사 교육 현장이란 평가를 받아왔다.

2019년 여름 나는 이 요양원을 운영하는 보건복지부 산하 한국국제보건의료재단KOFIH의 의뢰로 코로나 팬데믹이 시작되던 2020년 4월 《고려인 디아스포라, 우즈베키스탄 아리랑요양원 10년의 기록》이란 책을 제작한 바 있다. 요양원 개원 10주년을 기념한 기록집이었다. 한국 작가로서는 유일하게 현직 우즈베키스탄 대통령 책을 썼던 조철현 작가에게 집필을 맡겨 출간한 이 책은 양국 정부가 고려인들을 위해 노력한 흔적과

제4장 고려인 이야기 371

보람을 기록했다는 점에서 출판 과정 내내 가슴이 뭉클했다.

다음은 안타깝게도 코로나-19로 고인이 되셨지만 기록집을 펴낼 당시 10년째 요양원에 거주하고 있던 박 루바 할머니가 책에 밝혔던 내용으로, 이 요양원을 고마워하는 마음이 애잔하게 스며 있어 다소 길지만 문장 일부를 다듬고 표기법을 고쳐 전체를 그대로 옮겨 본다.

나는 박 루바입니다. 1930년 블라디보스토크에서 태어나 1937년 우즈베키스탄으로 이주해 '땅집(땅굴 같은 집)'에서 살았습니다. 아버지와 어머니는 농장에서 일했고 나에게는 5명의 여형제가 있었습니다. 1948년 아버지가 돌아가시고, 나는 결혼해서 5명의 자녀를 두었습니다. 남편과 나는 연금을 받기 전까지 콜호스(집단농장) 보일러실에서 일하며 살았습니다. 남편은 항상 술에 취해 있었습니다. 그와는 자주 싸웠고, 남편이 술을 먹을 때면 아이들과 함께 밖으로 도망 나와 길에서 자기도 했습니다. 그렇게 44년 동안 결혼생활을 했습니다.

그리고 그 뒤 1980년 남편이 뇌출혈로 쓰러졌을 때는 몸이 불편한 남편을 거두며 살았습니다. 2007년 큰아들이 죽고 다음 해 둘째 아들이 죽어 손녀와 함께 살았으나, 손녀가 결혼해 집을 팔고 우즈베키스탄을 떠나게 되었습니다. 나는 아파트를 얻어 연금으로 생활했습니다. 그러다 조카에게서 스베르들로프 지역(현 행정지명은 아흐마드 야싸비)에 요양원이 들어선다는 이야기를 듣게 되어 조카의 도움으로 이곳에 들어왔습니다.

나는 여기서 생활하게 되어 무척 행복합니다. 여기에는 내가 젊었을 때 꿈꾸었던 모든 것이 있습니다. 욕실과 침대가 있는 방에서 생활하게 되었고, 정기적인 문화공연 프로그램, 세 끼의 식사와 간식, 목욕 도우미 등 많은 선물을 받았습니다. 또 요양원에서 생활하며 한국의 고향도 방문했습니다. 요양원에서 살게 되어 너무 좋고 모든 것이 좋습니다. 생을 마감할 때까지 요양원에서 사는 행운을 누리고 싶습니다. 그러나 밤에는 자주 과거 죽은 자식들과 고생했던 일이 떠올라 조용히 눈물이 흐릅니다. (박 루카, 당시 91세)

김병화: 박물관에 있는 김병화 동상 앞에서

우즈베키스탄 고려인들의 또 다른 기념비적인 장소에는 타슈켄트 여행에서 한국인들이 즐겨 찾는 '김병화 박물관'이 있다. 이 시설은 김병화 농장을 기리는 기념관이다.

김병화 농장을 설명하기 위해서는 우선 집단농장이라 불리는 '콜호스'를 이해해야 한다. 콜호스는 옛 소련 시절 스탈린 체제가 만든 농업생산 시설로 국영농장인 '소브호스'와 달리 일종의 협동조합 형태로 운영되며, 농장 대표도 콜호스 구성원 중 한 사람이 맡아 생산 증대를 독려했던 구조다.

1937년 우즈베키스탄으로 강제 이주된 고려인들은 타슈켄트주에 위치한 중中치르치크 지역에 모여 살며, 연해주 시절 고려인 집단농장의 이름을 딴 '북극성 농장'을 만들었다. 그러곤 1940년 김병화 선생이 이 농장의 대표로 선출되며 독보적인 중앙아시아 개척사를 써나가기 시작했다.

기록에 따르면 1941년부터 45년까지 늪지대를 매립해 여의도 면적의 3배가 넘는 1,080ha 규모의 농지를 조성하고, 867톤의 밀과 163톤의 목화를 수확해 2차 세계대전 시기 옛 소련 정부에 거액의 기금을 기부했다고 한다. 또 목화와 벼 파종 면적을 크게 늘려나가며 우즈베키스탄은 물론 중앙아시아 전역에서도 가장 우수한 콜호스로 평가받기 시작했다.

그 결과 김병화 선생의 탁월한 지도력을 인정한 옛 소련 정부는 1948년과 1951년 두 차례에 걸쳐 김 선생에게 '사회주의 노동영웅' 칭호를 내렸고, 1971년에는 옛 소련 최고위원회가 '북극성 농장'에 '노동자적기훈장'을, 그리고 그 이듬해인 1972년에는 '소연방 50주년 기념훈장'을 수여하기도 했다. 이어 1974년 중앙아시아 고려인 사회의 정신적 구심점이었던 김병화 선생이 타계하자 소련 정부는 농장 이름을 '김병화 콜호스'로 개칭하며 그를 영원히 기리도록 조치했다.

황만금 기념관에 있는
황만금 선생 초상화 앞에서

김병화 박물관과 비슷한 기념시설로 최근 들어 각광받는 '황만금 농장'도 기억해둘 일이다. 이 농장은 구소련 시절 폴리타젤 집단농장을 이끌었고, 우즈베크 소비에트 사회주의 공화국 최고회의 의원 등을 지낸 황만금 선생을 기리는 곳이다. 기록 사진들이 많이 전시돼 있어 고려인들의 우즈베키스탄 정주 이후 행적과 사회주의 집단농장의 변천사를 이해하는 데 많은 도움을 준다.

황만금 선생의 업적은 1992년 우즈베키스탄과의 수교 이후 국내에도 많이 알려져 2015년에는《황만금-올림포스와 골고다를 넘어서》(한울출판사)란 단행본도 출간됐다. 황만금을 더 많이 알고 싶은 독자라면 고려인 작가 김 부르트와 김 미하일이 함께 쓴 평전 형식의 이 책을 읽어보라 권하고 싶다. 다음은 책 내용의 일부다.

황만금의 죽음으로 우즈베키스탄에서의 고려인 역사는 끝났다. 공화국 농업 발전에 큰 기여를 한 고려인 집단농장은 점차 폐쇄되었다. 자본주의 시장경제 시대가 열렸다. 그러나 고려인의 자랑스러운 아들 황만금에 대한 기억은 자손들에게 대대로 전해져 내려오고 있다.

집단농장 자리에 소작농업이 생기기 시작했다. 타슈켄트 지역 유코리치르치크 부근에 전설적인 지도자 황만금 이름을 딴 농장이 하나 있다. 그것을 운영하는 사람은 다름 아닌 그의 아들 황 스타니슬라프이다. 아마도 소작농업은 이 부근뿐 아니라 이 지역, 공화국 전체에서 가장 성공한 부문이라고 말할 수 있다. (83~84쪽)